THÈSE
POUR LE DOCTORAT

DE LA
CONDITION CIVILE DES ÉTRANGERS
A ROME ET EN FRANCE

Par Edmond CONTAL,

Avocat à la Cour Impériale,
docteur en droit.

NANCY
IMPRIMERIE A. LEPAGE, GRANDE-RUE, 14
1870

THÈSE
POUR LE DOCTORAT

DE LA
CONDITION CIVILE DES ÉTRANGERS

A ROME ET EN FRANCE

Par Edmond CONTAL,

Avocat à la Cour Impériale,
docteur en droit.

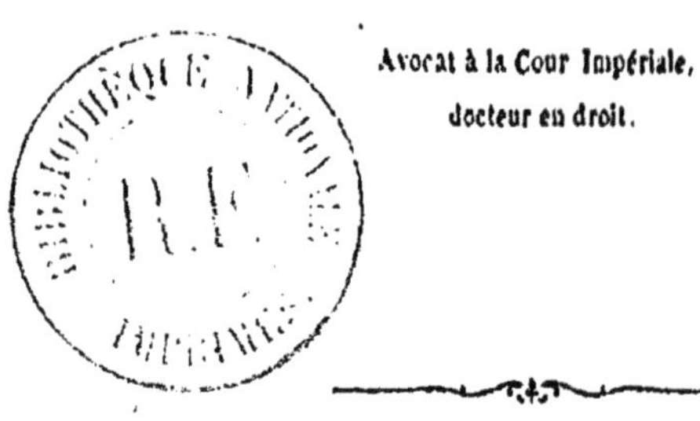

NANCY

IMPRIMERIE A. LEPAGE, GRANDE-RUE, 14

1870

1871

A la mémoire de mon aïeul

JEAN-BAPTISTE SALLE,

Docteur en médecine,
Député du Tiers aux Etats-Généraux,
Député de la Meurthe à la Convention nationale.

A ma Famille,

A mes Amis.

Edmond CONTAL.

PRÉFACE.

Etudier la condition civile des étrangers chez les
peuples de l'antiquité, c'est faire le triste récit des
luttes qui ont ensanglanté les premiers âges; on est
alors en état permanent de guerre. L'étranger est
un ennemi auquel nulle justice n'est due, auquel
nul droit n'est accordé; il est suspect, on cherche
par tous moyens à l'éloigner. Jaloux et hostiles, les
membres de la cité se tiennent à l'écart, on vit de
sa vie propre, on n'a pour horizon que l'étroite
sphère de l'égoïsme. Tout à la force, rien au droit ;
haine pour haine, mépris pour mépris. Les lois,
loin de protéger les étrangers, font un devoir de
leur nuire par tous les moyens, et si l'hospitalité
vertu morale et religieuse n'était là, pour adoucir
par sa salutaire influence la dure loi de l'exclusivisme, les peuples ressembleraient assez aux ani-
maux sauvages du désert, qui ne se rencontrent
que pour se déchirer et se donner la mort.

D'où vient donc cette différence si marquée entre
les citoyens et les étrangers dans les législations

antiques ? Des idées religieuses. L'étranger était exclu de toute participation à la religion, et ne pouvait rien espérer de la loi, parce que la loi faisait partie de la religion. Aussi la définition de l'étranger et du citoyen à cette époque, donnée par M. Fustel de Coulanges, est-elle parfaitement exacte. « Le citoyen (1) est l'homme qui a la religion de la cité ; l'étranger est celui qui n'a pas accès au culte, celui que les dieux de la cité ne protègent pas, et qui n'a pas même le droit de les invoquer. »

Les cités vivent à côté l'une de l'autre avec leur loi particulière, leur religion particulière ; on ne saurait comprendre la possibilité d'une union avec une cité voisine, ce serait abdiquer ses dieux, se priver de leur puissante protection. « La religion (2) faisait de la cité un corps qui ne pouvait s'agréger à aucun autre, l'isolement était la loi de la cité. » Le droit des gens alors est inconnu, l'étranger n'a aucun droit en temps de paix, quel droit aurait-il en temps de guerre ? Malheur aux vaincus, pour eux un dur esclavage, pour eux la mort.

Les anciens ne concevaient pas l'idée d'un droit universel, leurs législateurs n'avaient pu s'inspirer à l'idée chrétienne de la fraternité, qui seule peut conduire les peuples à la vraie civilisation ; dès lors

(1) La Cité antique, livre III, chap. xii, page 246, le Citoyen et l'Étranger.

(2) La Cité antique, livre III, chap. xiv, page 258, de l'Esprit municipal.

on ne saurait s'étonner que « les (1) lois de Manou, de Minos, de Solon, de Lycurgue, de Numa, les institutions les plus célèbres gisent à terre, monuments brisés d'une vertu trop médiocre pour avoir réfléchi suffisamment l'éternelle physionomie de la justice increée. »

Toute solidarité, toute confusion de races, tout rapprochement entre les peuples était impossible. Aucun changement ne pouvait s'opérer, aucun bien sérieux ne pouvait se faire, l'humanité languissait et s'épuisait dans des luttes continuelles.

Telles nous apparaissent les législations de l'antiquité que nous étudierons dans la première partie de ce travail.

Nous verrons dans une deuxième partie ce que sont les étrangers, en Germanie, en dehors des associations qui unissent les rachimbourgs par les liens les plus étroits : des textes curieux des lois barbares nous aideront à nous rendre compte de la manière dont sont traités les « *warganei* ». Arrivés à la période féodale, nous ferons l'histoire des droits d'aubaine, de *détraction*, et des autres droits d'eschoite, de *formariage* et de *chevage;* puis avec le droit intermédiaire, nous verrons bientôt disparaître et s'abîmer dans le torrent révolution-naire, ces droits que Montesquieu avait traités d'insensés, et qu'avec lui tous les philosophes du

(1) Lacordaire, tome III, page 77.

xviiie siècle cherchaient à détruire. C'est le moment où l'Assemblée Constituante dominée par un enthousiasme irréfléchi, et des idées philanthropiques exagérées pensa « (1) que la France libre devait ouvrir son sein à tous les peuples de la terre, en les invitant à jouir, sous un gouvernement libre, des droits sacrés et inviolables de l'humanité. » C'est le moment où le baron de Clootz, au nom de l'ambassade du genre humain, vint à la barre de l'Assemblée, prononcer un discours, qu'on ne peut lire aujourd'hui, sans s'étonner et sans sourire. Les nations voisines restèrent insensibles , et refusèrent la réciprocité.

Nous aborderons alors la dernière et la plus importante partie de ce travail, celle du Code Napoléon ; nous en examinerons les dispositions et nous nous demanderons , si malgré les salutaires réformes de la loi du 14 juillet 1819, au point où nous en sommes, nous pouvons nous reposer comme ceux qui sont arrivés au terme d'un voyage, et s'il ne reste rien à faire pour améliorer encore la condition civile des étrangers en France.

(1) Loi du 6 août 1790.

CHAPITRE PREMIER.

De la condition des étrangers sous les législations de l'Antiquité.

SECTION I.

Loi mosaïque.

On a reproché à la loi de Moïse ses dispositions exclusives. Nous ne saurions partager pour notre part, cette manière de voir, et nous allons montrer combien, au contraire, cette loi est supérieure aux autres législations de l'antiquité.

On s'appuie sur un verset de l'Exode où il est dit en parlant des Etrangers : « *non inibis cum eis fœdus, nec cum diis eorum* » et sur un autre (1) ainsi conçu : « *non habitent in terrâ tuâ, ne forte*

(1) Exode, verset 33, ch. xxiii.

peccare te faciant in me, si servieris diis eorum : quod tibi certé erit in scandalum. »

Ces dispositions n'ont rien de particulier à la loi mosaïque, nous en retrouvons de semblables chez tous les peuples anciens; elles ont de plus une sérieuse raison d'être qui les légitime. On défend aux Hébreux les relations avec ceux qui les environnent, pour qu'ils gardent la religion véritable et n'offrent pas leurs sacrifices aux faux dieux du voisinage.

Mais à côté de ces textes il en est d'autres fort remarquables et qui permettent de répondre aux reproches dont je parlais tout à l'heure; ils font de l'hospitalité un devoir: « *Peregrino* (1) *molestus non eris : scitis enim advenarum animas quia et ipsi peregrini fuistis in terra Egypti.* » Le Déutéronome défend aux Hébreux de rendre à l'Egyptien, le mal qu'ils ont eu à souffrir alors qu'ils étaient courbés sous le joug des Pharaons : « *non* (2) *abominaberis Idumæum quia frater tuus est, nec Egyptium quia advena fuisti in terra Egypti.* Jéhovah est représenté comme le Dieu des étrangers; malheur à celui qui commet des injustices envers eux : « *maledictus* (3) *qui pervertit judicium advenæ, pupilli et viduæ.* »

Tels sont les principes de la loi de Moïse, relati-

(1) Exode verset 9, ch. xxiii.
(2) Deutéronome.
(3) Deutéronome, verset 19, chap. xxvii.

vement aux étrangers ; ajoutons pour être complet, que les nombreux étrangers qui sont en Palestine, sous le règne de Salomon, jouissent de sérieuses garanties. Les prosélytes d'habitation ont, en effet, leur tribunal spécial, et des règles sont établies pour terminer, suivant les principes de la justice, les différends qui peuvent s'élever entre eux et les habitants du pays.

SECTION II.

Egypte.

Tout le monde sait le mépris qu'ont dans les premiers temps les Egyptiens pour les étrangers, et les maux qu'ils firent supporter aux Hébreux qu'ils considéraient comme leurs esclaves.

Mais plus tard on vit les rois de ce pays entourer les étrangers de grandes faveurs. Bocchoris fit une loi, abolitive de la contrainte par corps pour dettes civiles, qui fut renouvelée ensuite par Sésostris (1). Psammétichus fonda une corporation d'interprètes,

(1) Diodore, livre I, partie 2ᵉ, chap. LXXIX (rapporté par Montesquieu), Esprit des lois, livre XX, chap. xv.

et donna aux Grecs des terres près de Bubaste (650 avant notre ère). Néchao fit construire une flotte, abandonna les vieilles superstitions qui, jusque là, avaient retenu l'Egypte dans une immobilité stérile, et déposa ses armes.

Il avait compris que sans le concours des étrangers, la magnifique situation de l'Égypte ne serait rien, et il entreprit la construction du canal qui, dans sa pensée, devait relier la Méditerranée à la Mer Rouge. Le vieil Hérodote raconte que 120,000 hommes périrent en y travaillant, et que des obstacles sans nombre, empêchèrent de mener à bonne fin cette gigantesque entreprise. Mais si cette œuvre ne réussit pas, du moins Néchao vit-il arriver en Egypte une quantité considérable d'étrangers, et avec eux la richesse et la prospérité.

L'établissement fondé plus tard par les Grecs, sous le règne d'Amasis, sur la branche canopique du Nil, prit un développement très considérable, grâce au commerce qui, selon la parole de Montesquieu, « guérit (2) des préjugés destructeurs ».

(2) Esprit des lois, livre XX, chap. I.

SECTION III.

Grèce.

Nous ne trouvons pas en Grèce un droit uniforme applicable à tous les habitants du pays. Chaque république a son législateur et des lois adoptées à son caractère propre.

Disons un mot de Sparte et d'Athènes.

1° *Sparte.*

Gouvernés par les lois de Lycurgue, les Spartiates apparaissent comme un peuple à part. Entourés d'Hilotes, de Laconiens desquels ils ont tout à craindre, leur vie est guerrière, leurs mœurs dures et sauvages. Point de rapport avec l'étranger, ils perdraient les vertus de leurs ancêtres.

« Lycurgus (1), législateur des Lacédémoniens, considérant n'estre rien plus dangereux pour l'abolition de ses lois, que la réception de nouveaux habitants, il m'eit toute peine et s'estudiá entièrement, à clore l'entrée de sa cité aux estrangers. A

(1) Bacquet, Droict d'aubeine, chap. II, § 21.

ceste fin défendit aux Lacédémoniens la société et conjonction par mariage avec les estrangers et estrangères, auxquels il refusa le droict de bourgeoisie et toute communication des affaires publiques. Et pour empêcher que les .estrangers n'eussent affection d'eux habituer et retirer en la ville de Lacédémone, il ordonna toute sa monnoye de fer, où selon l'opinion commune, de cuir, et défendit tout commerce et traffic de marchandises estranges, ut refert Plutarchus. »

Lycurgue voulait et croyait faire le bien, et assurer l'avenir de sa cité, mais il n'avait pas vu, que ses lois opposées à la nature de l'homme, auraient, au contraire, pour effet d'éloigner de Sparte, des éléments indispensables de prospérité, que les étrangers seuls peuvent amener avec eux ; il a pu dire comme Horace, en parlant des étrangers :

« Odi profanum vulgus, et arceo. »

Mais les Lacédémoniens qui sont venus après lui ont pu s'apercevoir bientôt des effets pernicieux d'une loi qui, excellente en tant qu'elle fait un devoir des grandes vertus militaires, du respect des traditions, des mâles vertus qui forment les hommes de caractère, est blâmable quand elle écarte systématiquement et de parti pris tous les étrangers quels qu'ils soient.

2° *Athènes.*

Ce que le législateur Lacédémonien n'avait pas compris, celui d'Athènes, Solon, l'a compris. Sa législation admet, en effet, la possibilité de la naturalisation pour le *Xénos* qui a bien mérité de la patrie : 6,000 citoyens sont appelés à examiner ce que sont les services rendus, leur importance, et à voter pour ou contre la naturalisation.

A côté de ces *Xénoi* dont la naturalisation faisait de véritables citoyens, jouissant d'une pleine et entière capacité, non seulement au point de vue civil, mais encore au point de vue politique, (ce qui, pour ce temps, est très remarquable), venaient se ranger d'autres *Xénoi* jouissant d'une capacité de plus en plus restreinte, suivant la classe à laquelle ils appartenaient.

Au premier rang, nous trouvons les *isotèles*, qui avaient un droit considérable, celui d'ester en justice, sans l'assistance d'un citoyen, devant les tribunaux d'Athènes.

Après eux venaient les *métèques.* Ils ne pouvaient établir leur domicile dans le pays qu'après enquête faite par l'aréopage : les étrangers de cette classe n'avaient de droits que ceux qui leur étaient nécessaires pour la garantie de leur négoce.

Ils habitaient un quartier à part dans la cité, et leurs enfants étaient séparés de ceux des Athéniens. « Et (1) encore hors les murailles d'Athènes il y auait un certain lieu appelé « Cynofarges », qui estait un parc destiné pour jouer et exercer les enfants mestifs, c'est-à-dire ceux qui n'estaient pas nais de père et mère naturels citoiens d'Athènes. »

Les métèques ne pouvaient plaider, sans l'assistance d'un patron, d'un *prostate*; s'ils s'étaient présentés seuls, ils se seraient vu refuser toute justice. Ils devaient payer un tribut du nom de *metoikion*.

Viennent ensuite les étrangers voyageurs qui devaient s'adresser à un citoyen athénien qui avait mission de les patroner, on l'appelait *proxène*. Les étrangers de cette classe n'avait aucun droit.

A côté de la garantie provenant de la présence au tribunal du *prostate* ou du *proxène*, et quelle que fut la classe à laquelle appartint l'étranger, lorsqu'un citoyen était demandeur, la loi obligeait le défendeur étranger à fournir une espèce de caution *judicatum solvi*.

Cette mesure inspirée par le désir de protéger d'une manière efficace le citoyen, aux prises avec un étranger dont le mobile peut être la mauvaise foi, je la comprends, et je ne puis qu'y applaudir; mais ce que je ne puis voir sans étonnement, et sans une protestation énergique contre une violation in-

(1) Bacquet. Droict d'aubeine, 1re partie, chap. II, § 22.

croyable du droit de libre défense qui doit appartenir à tous, c'est cette arrestation immédiate qu'autorise la loi athénienne, si la caution demandée au
début du procès, n'est pas donnée. C'est une tache
dans la législation de Solon, qui en tant d'autres
points est si remarquable si on se place à l'époque
pour laquelle elle a été faite.

CHAPITRE DEUXIÈME.

De la condition des étrangers à Rome.

Des législations de l'antiquité nous n'avons dit que quelques mots, qui nous ont paru suffire à faire comprendre le caractère propre de chacune d'elles : nous rencontrons maintenant le Droit romain auquel nous consacrerons le second chapitre de notre travail ; nous nous y arrêterons plus longtemps ; nous sommes ici sur la terre classique ; nous pourrons à l'aide des textes nombreux des Institutes et des Pandectes que nous possédons, disséquer cette législation morte, mais qui a laissé dans notre droit national une si forte empreinte et de si vivants souvenirs.

On peut diviser ce sujet de différentes manières, soit à l'exemple de Gibbon, qui partage en trois périodes l'histoire du Droit romain : la première, allant de la loi des XII tables à Cicéron ; la deuxième, de Cicéron à Alexandre Sévère ; et la troisième, d'Alexandre Sévère à Justinien ; soit à l'exemple de Puchta et de Marezoll, qui partagent en quatre périodes cette même histoire : la première, allant de la fondation de Rome à la loi des XII tables ; la deuxième, de la loi des XII tables à la fin de la République (30 ans ap. J.-C.) ; la troisième, de la fin de la République (avènement d'Auguste) à Constantin ; la quatrième, de Constantin à Justinien. Nous ne le ferons pas. Dans l'étude de la condition des pérégrins à Rome, en effet, il y a une date très importante à laquelle nous nous arrêterons pour limiter une première période qui ira de la fondation de Rome à 507 (établissement du prætor peregrinus) ; nous aurons ensuite une seconde période allant de 507 à Justinien.

Ce deuxième chapitre se trouvera donc divisé de la manière suivante :

Section I. — De la condition des Pérégrins depuis la fondation de Rome à l'établissement du prætor peregrinus (507).

Section II. — De la condition des Pérégrins à Rome depuis l'établissement du prætor peregrinus (507) jusqu'à Justinien.

SECTION I.

De la condition des Pérégrins depuis la fondation de Rome jusqu'à l'établissement du prœtor peregrinus (507).

Tout le monde connait l'histoire plus ou moins fabuleuse de la fondation de Rome et les humbles commencements de cette ville, qui, s'il faut en croire la tradition, fut formée de la réunion de quelques bandits sanguinaires auxquels Romulus avait offert un asile.

On s'est demandé bien souvent, si dans ces temps reculés, il existait des règles de droit destinées à régler les rapports entre les Romains et les peuples voisins, et si, à défaut des règles de droit civil, on appliquait au moins les règles du *jus gentium*. Je ne saurais l'admettre pour ma part. Je pense qu'à cette époque il n'y a pas d'étrangers à Rome. Qu'y viendraient-ils faire? Privés de tous droits, ils seraient massacrés ou réduits en servitude. Les Romains n'ont d'autres relations avec les peuples du voisinage que celles qui naissent d'une guerre continuelle et d'un pillage réciproque; les contrats sont inconnus; on n'achète pas, on ne vend pas, on n'échange pas; on se bat, on pille, on revient avec du butin.

« Rome (1) étant une ville sans commerce et presque sans arts, dit Montesquieu en parlant de cette époque, la guerre était le seul moyen que les particuliers eussent pour s'enrichir. On avait donc mis de la discipline dans la manière de piller........ La guerre était presque toujours agréable au peuple, parce que, par la sage distribution du butin, on avait trouvé le moyen de la lui rendre utile. »

On ne connait alors qu'une seule classe d'étrangers, ils ont nom « *hostes* ». « Hostis (2) enim apud majores nostros is dicebatur, quem nunc peregrinum dicimus ; indicant XII tabulae (3) ; « aut status dies cum hoste » ; item que « adversùs hostem æterna auctoritas » ; dit Cicéron. Et Festus « status dies vocatur qui judicii causà est constitutus cum peregrino ; ejus enim generis ab antiquis *hostes* appellabantur, quod erant pari jure cum populo romano, atque *hostire* ponebatur *pro æquare*. »

Le mot *hostis* ainsi employé ne renferme en lui aucune idée d'hostilité ; il désigne un peuple étranger, dont les Romains reconnaissent vis-à-vis d'eux la position indépendante, qu'ils mettent avec eux sur le pied d'égalité, sauf réciprocité de la part de ces peuples avec lesquels ils n'ont de rapports que sur le champ de bataille.

(1) Montesquieu. Grandeur et décadence des Romains, chap. 1.
(2) Cicero de officiis, lib. I, cap. XII.
(3) Ex lege XII tabularum quæ exstant, tabula III, VI.

Cet état de choses dût se prolonger un certain temps, mais le jour vint où Rome s'agrandit et où des relations commencèrent avec les peuples de l'Italie : on voit alors apparaître les pérégrins.

Ce mot à plusieurs sens :

Le *peregrinus :* est celui qui est dans une cité autre que celle où il est né. Dans un autre sens : c'est celui qui n'a pas le *jus civitatis*.

Nous devons mentionner encore à côté de l'*hostis* qui appartient à une nation connue mais non soumise, le *barbarus* (*warwara, barbaros, berbère*) : c'est celui qui est en dehors de la géographie romaine, de la civilisation romaine.

Avant d'aborder l'étude de la condition des *pérégrins*, nous devons voir auparavant qu'elle est celle des *cives romani* qui possèdent le *jus civitatis optimo jure :* connaissant ainsi les droits dont jouissent les citoyens, nous verrons ceux dont sont privés les pérégrins.

A l'origine, les patriciens étant seuls en possession de tous les droits qui peuvent appartenir aux citoyens, étaient seuls des citoyens « complets » si je puis me servir de cette expression. Au-dessous d'eux se trouvaient les plébéiens privés de tous droits politiques, et n'ayant pas même, quant au droit civil une capacité entière. Cela pùt durer quelque temps, mais le jour vint où les plébéiens las de leur infériorité vis-à-vis des patriciens, réclamèrent des droits qui jusqu'alors leur avaient été refusés. De là des luttes longues et sanglantes ; de la part des patriciens, une persistance opiniâtre à repousser des idées nouvelles qui devaient détruire leur prestige ; de la part des plébéiens, une invincible énergie pour arriver à l'égalité politique, et s'emparer une à une des magistratures patriciennes.

Rome alors n'eût plus deux ordres rivaux, elle eût des citoyens jouissant des mêmes droits politiques et civils, du même *jus civitatis optimo jure*. Il est bien difficile d'expliquer la raison de cette différence entre les deux ordres. Nous devons cependant indiquer les différents systèmes qui ont été présentés à ce sujet.

On croyait autrefois, en se fondant sur les auteurs latins, que Romulus avait choisi parmi ses compagnons des *patres* (nom provenant soit de leur grand âge, soit de l'affection qu'ils inspiraient au peuple. Les *patriciens* descendraient de ses *patres ;* plus tard, aux *patres majorum gentium* créés dès l'origine, on aurait ajouté les *patres minorum gentium*. Les *Plébéiens* seraient le reste des citoyens, dont les ancêtres n'auraient pas été des *patres*.

D'après Niebuhr, les *Patriciens* seraient les membres des trois tribus primitives de la nation (*Tatienses, Ramnenses et Luceres*) ; les *Plébéiens* seraient les peuples peu à peu conquis et agrégés à la *civitas romana*.

Ampère admet que les *patriciens* seraient les *Sabins*, les *Plébéiens* les *Latins*.

M. Lariche, croit que les *Patriciens* sont les *chefs des familles latines, étrusques, sabines, qui occupèrent les premiers, le sol, le territoire nommé ager romanus, et qu'il faut entendre par Plébéiens tous ceux qui, dans des pays voisins, se mirent sous leur protection, et subirent par là même la loi du plus fort ;* ou encore *les peuples vaincus successivement par les Romains.*

J'admettrais pour ma part l'opinion de Nicbuhr, tout en reconnaissant que cette question est environnée de ténèbres, et qu'il est difficile de se prononcer sans crainte de se tromper.

Celui qui a le *jus civitatis optimo jure* est en possession du *jus publicum,* qui comprend le *jus suffragii* et le *jus honorum,* et du *jus privatum,* qui comprend le *jus connubii* et le *jus commercii.*

En principe le *Peregrinus,* n'a aucun droit politique, et n'a qu'une capacité civile restreinte.

A. *Le peregrinus n'a aucune participation au jus publicum.*

Comment comprendre, en effet, qu'à cette époque et avec les idées de l'antiquité, un peregrinus puisse être admis au *jus suffragii,* ou droit de voter dans les comices ; qu'il puisse prétendre être éiu magistrat, avoir le *jus honorum,* quand les plébéiens citoyens romains cependant, furent si longtemps privés de ces droits. Comment comprendre qu'ils puissent être admis à porter les armes pour la défense de la cité, à payer les impôts etc.; sur ce point donc incapacité absolue du pérégrin.

B. Le peregrinus n'a pas une participation entière au jus privatum.

Nous avons dit plus haut que le *jus privatum* comprend le *jus connubii* et le *jus commercii*.

Le *jus connubii* est le droit de contracter un mariage destiné à produire les effets que reconnait le jus civile. « Connubium (1) est uxoris jure ducendæ facultas. » Le pérégrin n'a pas le jus connubii; ce n'est pas à dire qu'il ne puisse pas se marier, mais son mariage n'entrainera après lui aucun des effets du mariage reconnu par le droit civil romain; il n'aura pas de puissance paternelle (2) sur ses enfants; aucune agnation ne pourra être produite; il ne pourra succéder ab intestat; il ne pourra être tuteur; adopter, adroger; il arriverait ainsi indirectement à la puissance paternelle, et du reste les formes de l'adoption, et de l'adrogation s'opposent à ce qu'il puisse le faire.

(1) Ulp. Regul. titre V. §3.
(2) Il pourrait avoir au contraire la puissance sur ses esclaves, parce qu'étant de droit des gens elle appartenait au propriétaire *civis* ou *peregrinus*.

Le *jus commercii* est défini par Ulpien « emendi (1) vendendi quæ invicem jus. » Le pérégrin n a . pas le *jus commercii* et dès lors il n'est pas susceptible d'acquérir la propriété quiritaire « sequitur (2) ut admoneamus, apud peregrinos unum esse dominium : ita quæ aut dominus quisque est, aut dominus non intelligitur. Quo jure etiam populus romanus olim utebatur : aut enim ex jure quiritium unus quisque dominus erat, aut non intelligebatur dominus... » On ne comprend pas que le pérégrin puisse intervenir dans une mancipation « Est (3) autem mancipatio imaginaria quædam venditio : quod et ipsum jus proprium civium romanorum est. » Le pérégrin ne peut être témoin dans une mancipation parce qu'il n'y a que les *cives romani* qui puissent l'être. « Ea quæ (4) res ita agitur adhibitis non minus quàm quinque testibus civibus romanis puberibus. » Le pérégrin ne peut acquérir par in *jure cessio*, c'est en effet un procès fictif, une manière d'acquérir la propriété que la loi des XII tables reconnait « et (5) mancipationem et in jure cessionem lex XII tabularum confirmat » : c'est un *actus legimus* dans lequel on se sert des vieilles règles des

(1) Ulp. Reg. titre XIX. § 5.
(2) Gaius com. II. § 40.
(3) Gaius com. I. § 119.
(4) Gaius eodem loco.
(5) Frag. Vaticana. § 50.

actions de la loi. Le pérégrin ne peut non plus acquérir par *adjudicatio*, intervenir dans les actions *familiæ erciscundæ, communi dividundo, finium regundorum*. L'usucapion est aussi refusée au pérégrin : « adversus (1) hostem æterna auctoritas » dit la loi des XII tables. Je disais plus haut que les pérégrins ne pouvaient succéder *ab intestat;* on ne peut en effet succéder *ab intestat* que dans l'une des trois qualités suivantes : *héritier sien, agnat,* ou *gentilis,* qui toutes font défaut aux pérégrins : ils ne peuvent non plus recevoir par testament, c'est une prérogative essentiellement réservée aux citoyens « hi vero (2) qui dedititiorum numero sunt, nullo modo ex testamento capere possunt non magis quàm qui liber peregrinus que est.... » Ils ne peuvent non plus faire de testament : « nec ipsi testamentum facere possunt, secundum quod plerisque placuit. » Si les modes d'acquérir du droit civil, sont refusés aux pérégrins, il n'en est pas de même des modes d'acquérir du droit des gens (occupation, tradition, accession) qu'ils peuvent employer. C'est en cela surtout, qu'est importante la division dont parle Gaius, dans son commentaire II, §§ 65 et 66. En fait, sinon en droit, dans cette période, et cela est douteux, à côté du dominium ex jure quiritium, il y a déjà une espèce de dominium, spécial aux péré-

----

(1) Ex lege XII tabularum quæ exstant tabula III. VI.
(2) Gaius com. I. § 25.

grins, qu'ils acquièrent par les modes naturels, mais ils ne trouvent dans la loi aucune garantie, et peuvent à chaque instant être évincés, et spoliés : quant aux *res nec mancipi*, je pense que de très bonne heure, les pérégrins ont pu en être propriétaires, sans être inquiétés.

Les pérégrins peuvent-ils s'obliger *consensu* dans cette première période? Tout porte à le croire. Pour ces contrats usuels, le droit des gens a dû bientôt faire disparaître les entraves et le rigorisme du droit civil.

Peuvent-ils s'obliger *re*? On peut le soutenir.

Le peuvent-ils *verbis, litteris*? Je ne le pense pas? Nous sommes ici en présence de formules verbales consacrées et établies par la loi civile, ou d'inscriptions sur des registres, que les pérégrins ne possédaient probablement pas : pour la deuxième période nous avons des textes précis qui nous permettront d'affirmer, tandis qu'ici nous sommes réduits à de simples conjectures.

Ce qui nous permet de nous prononcer pour les contrats *consensu*, comme nous venons de le faire plus haut, c'est le § 41 des Institutes de Justinien (liv. II, t. I, de div. rerum). « Venditæ vero res et traditæ non aliter emptori adquiruntur, quam si is venditori pretium solverit, vel alio modo ei satisfecerit, veluti expromissore aut pignore dato. Quod cavetur etiam lege XII tabularum, tamen recte dicitur, et jure gentium, id est, jure naturali id effici. »

Une question sérieuse et intéressante se présente ici. Avant l'établissement du *prætor peregrinus*, qui était chargé de rendre justice aux pérégrins, et d'appliquer en leur faveur les règles du *jus gentium ?* Gaius (1) nous parle du *jus gentium* et l'oppose au *jus proprium* et *civile* des Romains, particulier à ceux-ci et applicable à eux seuls, tandis que l'autre s'applique à tous les hommes. « Omnes populi qui legibus et moribus reguntur, partim suo proprio, partim communi omnium hominum jure utuntur. Nam quod quisque populus ipse sibi jus constituit, id ipsius proprium est vocatur que jus civile, quasi jus proprium ipsius civitatis; quod vero naturalis ratio inter omnes homines constituit, id apud omnes populos peræque custoditur vocaturque jus gentium, quasi quo jure omnes gentes utuntur. Populus itaque romanus partim suo proprio, partim communi omnium hominum jure utitur... » Le *jus civile* reçoit son application d'une manière qui nous est connue et dont il est inutile de parler, mais le *jus gentium* dont parle le jurisconsulte et qui est commun à tous? Je ne puis me dissimuler toute la difficulté d'une pareille question. Les pérégrins étaient complétement en dehors des *legis actiones* dont ils ne pouvaient exécuter les pantomimes, et employer la procédure établie par le *jus civile :* On avait commencé par faire des lois pour les citoyens seuls,

______

(1) Com. I, § 1.

sans s'occuper des intérêts des étrangers, qui probablement même alors ne pouvaient compter sur les règles de l'équité naturelle. Mais cet état de choses ne pouvait durer toujours, et de bonne heure sans doute, à côté de la procédure du droit civil, dût s'établir une autre procédure, qui s'imposa par la force des choses, aux magistrats romains, en face d'étrangers dont le nombre croissait tous les jours. On renvoya le pérégrin qui réclamait justice, à un autre pérégrin chargé d'apprécier sa demande, et de décider *ex œquo et bono :* c'est le *recuperator* (1) siégeant à côté du *judex*, de l'*arbiter*, du *tribunal centumviral*, et destiné spécialement à terminer les affaires dans lesquelles interviennent des pérégrins.

Pour certains étrangers, avec la nation desquels des traités (2) étaient intervenus, on avait institué des tribunaux *spécialement* destinés à terminer les affaires qui s'élèveraient entre eux et les Romains.

On discute la question de savoir si à l'origine *les recuperatores* ne devaient s'occuper que des affaires

(1) Recuperator ou reciperator (re-capere) : Le recuperator en effet était chargé *de reprendre*, de faire restituer à ceux qui avaient été spoliés ce dont on les avait injustement privés. « Suivant les auteurs, ces juges tirent leur origine d'une institution de droit international. Cette institution fut appliquée à Rome aux contestations avec les pérégrins ». (De Fresquet, tome II, page 399.)

(2) Traité avec les Latins (261, Urb. conditæ).

concernant les pérégrins, ou bien si, au contraire, ils pouvaient être désignés à la place des juges, des arbitres, ou des centumvirs, pour trancher les difficultés entre les *cives romani?* Je ne le pense pas; cela ne fut possible que plus tard (1), dans certaines affaires limitativement déterminées, dans lesquelles la célérité était nécessaire (*action d'injure grave* (2), *vi bonorum raptorum, interdits, vadimonium* (3), *liberté, action contre ceux qui entravent la vocatio injus, affranchi qui attaque son patron sans permission du préteur* (4).

Nous venons d'étudier la condition des pérégrins, en général, dans cette première période ; voyons maintenant celle des étrangers, auxquels les Romains concédèrent peu à peu, des prérogatives plus ou moins grandes.

1° LATINI.

Nous avons à distinguer 1° les Latini veteres.
2° Les Latini colonarii.

A. *Latini veteres.*

L'expression de *Latinus* a plusieurs significations. Elle sert à désigner : 1° l'habitant du *Latium;* 2° les

(1) De Fresquet, tome II, p. 399. Ortolan, tome I, n° 165.
(2) Aulu Gelle, nuits attiques, 20, I.
(3) Gaius, com. IV, § 185.
(4) Gaius, com. IV, § 46.

habitants de certaines villes que les Romains assi-
milèrent aux Latins, et auxquels ils concédèrent le
jus Latii.

Les Latins furent les premiers avec lesquels les
Romains eurent des relations : après des luttes longues et sanglantes, et le triomphe définitif de Rome,
on leur accorda de nombreux avantages, et une
situation bien supérieure à celle des pérégrins dont
nous venons de nous occuper. Avaient-ils le *jus
commercii?* Je crois qu'on n'en peut douter, en présence d'un passage connu de Tite-Live, où il est
question de Latins *mancipant* leurs enfants aux Romains. On peut s'appuyer avec non moins de raison,
pour soutenir l'affirmative, sur la circonstance que
les Latini colonarii possédaient *le jus commercii;*
ce qui est important, car la condition *des Latini
veteres* « avait servi de type à celle des *Latini
colonarii.* » (1).

On a soutenu qu'ils n'avaient pas le *connubium*
avec les Romains, en s'appuyant sur le § 57 *du
com. I de Gaius* « Undè et veteranis quibusdam
concedi solet principalibus constitutionibus connubium cum his *Latinis peregrinisve* quas primas post
missionem uxores duxerint », et sur le § 4, *titre V*

(1) Demangeat (t. I, p. 159). — Accarias. (Précis de Droit
romain, tome I, fascicule I, page 92, note I.) — Lariche
(Explication des Instituts de Justinien, tome I, page 59).
Tite-Live I, 26 et 49 XLI. 8.)

des Fragments d'Ulpien, qui paraît beaucoup plus décisif à première vue : « connubium habent cives romani cum civibus romanis ; cum *Latinis* autem et *peregrinis, ita si concessum sit.* » Mais ni l'un ni l'autre de ces textes, ne peuvent permettre d'établir, que les *Latini veteres* n'avaient pas le *connubium,* bien qu'ils parlent l'un et l'autre de la nécessité d'une concession, pour la raison bien simple, que Gaius et Ulpien font allusion aux *Latini colonarii,* et nullement aux *Latini veteres* qui ont disparu ; à l'époque du droit classique il n'y a plus de *Latini veteres* (1). De plus, Tite-Live (2) nous rapporte que la sœur d'Horace avait été fiancée à l'un des Curiaces, qui habitait la cité d'Albe, l'une des villes les plus importantes du Latium ; comment comprendre la possibilité d'une semblable union, si l'on n'admet pas le *jus connubii* entre les Romains et les *Latini veteres?*

On s'est demandé si les Latins présents à Rome pouvaient voter dans les comices, dans la tribu désignée par le sort; en un mot, s'ils avaient en principe le *jus suffragii,* ou s'ils ne l'avaient qu'à la

(1) Accarias (eod. loco page 92.) — Lariche (eod. loco page 89) — Demangeat (tome I page 160.) Contra : de Fresquet (tome I page 45.) — Les *Latini veteres* disparurent en 664 après la guerre Sociale : à cette date la loi *Julia* donne le *jus civitatis* à tous les Italiens : désormais c'est aux provinces qu'on concédera le *jus Latii.*

(2) Tite Live. (I. 26).

suite d'une concession spéciale? La majorité des auteurs (1) pensent qu'en principe ils avaient le *jus suffragii* (notamment De...ngeat et Lariche); cependant Puchta ne l'accorde qu'exceptionnellement, en cas de concession du *jus civitatis cum suffragio*.

On a cherché à faciliter aux *Latini veteres* l'entrée dans la cité romaine : ils l'obtiennent d'une manière particulière dans plusieurs cas.

A. Par application de la loi *Servilia Glaucia*, devenait *civis romanus* le latin qui accusant un magistrat d'un *crimen repetundarum* obtenait sa condamnation (2).

B. Devenait également *civis romanus*, le Latin qui avait exercé dans sa ville une magistature (3).

C. Devenait également *civis romanus*, le Latin qui en quittant son pays, pour venir habiter Rome, y laissait « *stirpem ex se* » (4) destiné à perpétuer sa race.

B. Latini colonarii.

Disons un mot des colonies dites « *togatæ* ». Elles sont composées des citoyens qui, loin de Rome,

(1) Ils s'appuient sur Tite-Live (XXV. 3) « Sitella allata est, ut sortirentur *ubi Latini suffragium ferrent* » et sur Appien *de bello civili* (I. 23).

(2) Cicéron. Pro Balbo (XXIV. 54).

(3) Gaïus, com. I, § 96. Il obtient seul *le droit de cité* limitativement, et non avec sa femme et ses enfants.

(4) Tite-Live (XLI. 8).

conservent la plénitude de leurs droits politiques et civils.

L'établissement de ces colonies, avait pour but d'éloigner de Rome, les prolétaires, les gens sans fortune, qui, par leur affluence, étaient une cause de désordres et de troubles sans fin. Gardant leur qualité de citoyen, ils trouvaient dans la colonie une position considérable, et des avantages qu'ils ne croyaient pas devoir refuser. Rome avait aussi un autre but en fondant les colonies « *togatæ* », celui d'arriver peu à peu à la domination du pays, où elle envoyait ainsi ses citoyens, sentinelles avancées de la civilisation.

A côté de ces colonies, nous en trouvons d'autres, composées de *Latini colonarii*. Si l'on en croit M. de Savigny, leur fidélité envers les Romains, lors de la guerre d'Annibal, fut la cause des concessions et des prérogatives nombreuses qu'on leur accorda, en les assimilant aux *Latini veteres*. Les citoyens romains pouvaient aussi faire partie de ces colonies, mais ils perdaient alors leur qualité de citoyen. « Olim (1) quoque, quo tempore populus romanus in Latinas regiones colonias deducebat, qui jussu parentis in latinam coloniam transmigrabant, de potestate exibant; desinebant enim cives romani esse quùm acciperentur alterius civitatis cives. »

(1) Gaius (com. I § 131).

Les *Latini colonarii* peuvent parvenir à la cité romaine, par les modes particuliers que j'ai mentionnés plus haut pour les *Latini veteres ;* entre eux et ces derniers il y a assimilation presque complète. Je dis presque complète, car ils n'ont pas comme les *Latini veteres* le *jus connubii* en principe ; c'est à eux, en effet, que s'applique le paragraphe 57 *du com. I de Gaius,* et le paragraphe 4 *du titre V des fragments d'Ulpien.*

Ont-ils le *commercium ?* Cela n'est pas douteux au moment où écrit Ulpien. Nous avons de lui un texte formel, en présence duquel, l'hésitation est impossible. « Mancipatio (1) locum habet inter cives romanos et *Latinos colonarios,* Latinos que Junianos eosque peregrinos quibus commercium datum est. » Mais peut-on en dire de même, si l'on se rapporte à une période antérieure ? Les auteurs le décident généralement (2).

2° JUS ITALICUM.

Il est impossible de faire ici une étude approfondie du *jus Italicum ;* la nature de ce droit a donné lieu à de nombreuses controverses, et aujourd'hui encore, on en est réduit, sur ce point, à de simples

---

(1) Ulp. Fragm. titre XIX § 4.
(2) De Savigny (Vermischte Schriften t. I p. 20, 26.) De Fresquet (tome I, p. 45.) Demangeat (tome I p. 103.) Accarias (tome I fascicule I. p. 93). Lariche (tome I p. 59).

conjectures. Nous allons dire en quelques mots ce que, pour notre part, nous pensons de la nature de ce droit.

On avait cru longtemps, avec le savant italien Sigonius, que le *jus Italicum*, comme le *jus Latii*, était un droit accordé aux personnes ; et on pensait qu'il fallait ajouter aux *Citoyens*, aux *Latins*, aux *Provinciaux*, une quatrième classe de personnes, *les Italiens*. Aujourd'hui, on a généralement abandonné cette manière de voir, et M. de Savigny y a puissamment contribué. Rien n'autorise, en effet, à distinguer une quatrième classe de personnes, tous les textes relatifs à la division des personnes, parlant toujours de trois classes et jamais de quatre. On pense maintenant, que le *jus Italicum*, est un ensemble de droits accordés à des villes, à des portions déterminées de territoires, et que, s'il est utile aux personnes, ce n'est qu'indirectement, et à raison de leur présence dans les villes, et sur les territoires auxquels il a été concédé.

De même, qu'il existe un droit conférant *aux personnes*, certaines garanties, certains priviléges, de même, et parallèlement à ce premier droit, il en existe un autre, conférant *aux choses*, certaines garanties et certains priviléges.

Le *jus italicum* se compose de plusieurs éléments :

1° Les immeubles qui en jouissent, sont susceptibles de *dominium ex jure Quiritium*, (*mancipatio, usucapio, in jure cessio, adjudicatio...*)

2° Les habitants des villes et territoires auxquels il a été accordé, sont exempts des impôts personnels et fonciers.

3° Par application de la loi *Julia* et *Papia Poppœa*, les habitants des villes et territoires auxquels il a été accordé, sont exempts de la tutelle et curatelle *propter liberos,* (*quatre* enfants, tandis qu'il en faut *cinq* dans les provinces) : on admet généralement, que la loi *Furia de sponsu,* qui donne aux *sponsores* et aux *fidepromissores,* l'avantage d'être dégagés *biennio,* et de n'être tenus que jusqu'à concurrence *de leur part virile,* recevant son application *en Italie,* la reçoit aussi, dans les villes qui ont obtenu le *jus italicum,* car la concession du *jus italicum* en faisait d'autres Italies. La loi *Cincia* ne s'appliquait pas aux fonds provinciaux ; on n'en pourrait pas, en effet, transférer la propriété, aussi voyons-nous dans un texte (1), « in donatione rei tributariæ, circà exceptam et non exceptam personam legis Cinciæ nulla differentia est » ; mais elle s'appliquait aux territoires qui avaient obtenu le *jus italicum* (2).

4° Certains auteurs (Giraud, Puchta et de Savigny), pensent que les villes et territoires auxquels

____

(1) Frag. Vatic. § 293.

(2) Toute règle de droit applicable aux fonds italiques était certainement applicable à ceux qui, non situés en Italie, jouissaient du *jus italicum.* Demangeat (tome I, p. 107).

avait été conféré le *jus italicum*, jouissaient d'une constitution municipale indépendante. Je n'admets pas cette opinion qui ne me parait pas reposer sur des preuves suffisantes.

On est divisé sur le point de savoir quelle date il faut assigner à l'apparition première du *jus italicum?* Tout le monde est d'accord pour dire qu'il existait sous l'Empire, car Pline en parle avec détails; existait-il sous la république? Cicéron n'en dit rien. Je crois qu'il est impossible de donner une date certaine à son établissement; cependant M. de Savigny émet l'idée que César peut bien en être l'auteur.

5. POPULI FUNDI.

Ce sont des peuples qui abdiquent leur loi personnelle et consentent à être régis par la loi romaine.

1° Ils appliquent *entre eux* le droit civil romain (*connubium, commercium* etc.).

2° *Vis-à-vis* des Romains, ils sont considérés comme étrangers, et ne peuvent appliquer les règles du droit civil romain, dans leur rapports avec les Romains.

Il y a un avantage sérieux à être *populus fundus*. Si l'on en croit Cicéron (*pro Balbo, n° 8*), il fallait, pour obtenir en masse le *jus civitatis*, être *populus fundus;* et pour l'obtenir individuellement, faire partie d'un de ces peuples.

4° MUNICIPES.

On entendait par *municipes*, des villes situées en Italie, ou en province, qui obtenaient de Rome le *jus civitatis* complètement ou pour partie seulement, en conservant cependant leur loi particulière et leur administration propre.

Il y a plusieurs espèces de municipes.

1° Ceux dont les habitants jouissent du *jus civitatis* lorsqu'ils sont à Rome seulement.

2° Ceux dont les habitants jouissent du *jus civitatis* d'une manière complète, qu'ils soient à Rome ou non.

Les municipes de cette deuxième classe se subdivisent en :

a. Municipes *cum suffragio*. Ils ont le *commercium*, le *connubium*, le *jus honorum*, le *jus suffragii*. Leurs habitants sont citoyens ; ils en ont les droits ; ils sont classés dans une tribu particulière par les censeurs ; peuvent voter à Rome ; peuvent y être magistrats, et être dans leur ville, investis de fonctions municipales ; ils ont, en effet, deux patries.

b. Municipes *sine suffragio*.

Les municipes s'administrent eux-mêmes ; ils ont leur sénat (1) (*ordo, curia*), leurs comices, leurs magistrats (*duumviri juredicundo, duumviri œdilitiæ potestatis*) qu'on désigne quelquefois d'une

______

(1) Lois 17, § 7, — 2, § 4, Dig. 50. I.

manière générale par l'expression de *quatuorviri :* et aussi des *questeurs* que remplaçait le *curator reipublicæ* ou le *logista* (1).

Les municipes pouvaient se voir enlever leur administration propre et indépendante pour des faits graves, tels que trahison, abandon des intérêts du peuple romain pendant une guerre : on peut citer Capoue comme exemple en l'an 436.

5° PREFECTURES.

Ce sont des villes soumises, auxquelles on enlève le droit de s'administrer elles-mêmes, et dont on confie l'administration municipale à des *præfecti* envoyés de Rome.

Les règles concernant l'administration des préfectures varient à l'infini : leur condition se rapproche quelquefois de celles des municipes; ainsi les habitants d'Arpinum, citoyens romains, ne pouvaient pas s'administrer eux-mêmes. Les préfectures disparurent de bonne heure, changées qu'elles furent en colonies et en municipes.

(1) Loi 3. Cod. I. 54.

6° DEDITICES.

C'étaient des peuples (1) vaincus qui s'étaient rendus à discrétion : « vocantur autem *peregrini dedititii*, qui quondam adversùs populum Romanum, armis susceptis, pugnaverunt et deinde, ut victi sunt, se dediderunt. » (Gaius I, § 14.) Habituellement, on privait ces peuples de toute indépendance municipale et politique, on leur prenait aussi la propriété du sol sur lequel ils habitaient.

7° PROVINCES.

Je parle tout de suite des provinces, bien que logiquement, je ne devrais le faire que dans la deuxième période, puisque la première province romaine est de l'année 511. C'est parce que je désire terminer la condition de tous ceux qui jouissant de droits plus ou moins étendus, se distinguent des pérégrins considérés d'une manière générale.

(1) A ces *populi dedititii*, on avait assimilé les *affranchis* de la 3ᵉ classe appelés aussi *dedititii*, et dont parle Gaius dans son com. I, § 13 et suivants, §§ 26 et 27. On avait aussi assimilé jusqu'à un certain point aux *Latini colonarii* les *Latini juniani* dont parle Gaius dans son com. I., § 22 : mais nous n'avons à nous occuper ni des affranchis deditices, ni des Latins Juniens ; cela appartient à la théorie des affranchissements.

A la création d'une province, on en confiait le gouvernement à un *proconsul*, ou bien à un *propréteur* qui, avec des *legati*, exerçait tous les pouvoirs : la nomination en appartenait au Sénat, puis le sort venait décider, à qui, telle ou telle province serait donnée en particulier.

Plus tard, il faut distinguer les *provinces de César*, appelées *fundi tributarii*, ayant des gouverneurs du nom de *presides* ou *legati Cæsaris* qui, restaient en fonctions, tant que cela plaisait à l'Empereur, et qui avaient en mains tous les pouvoirs : et les *provinces du Sénat* appelées *fundi stipendiarii*, ayant des gouverneurs du nom de *proconsules, proprætores*, restant une année seulement en charge, n'ayant qu'une simple juridiction civile, et s'occupant des finances (1).

Plus tard, lors de leur toute puissance impériale, les Césars nommèrent indistinctement les gouverneurs de toutes les provinces, et le Sénat laissa faire.

On ne pouvait, avoir sur les fonds provinciaux que la propriété bonitaire, le *dominium ex jure quiritium* appartenait au peuple romain ou à César. « Les particuliers n'en avaient que la possession et la jouissance, mais ce n'était là, qu'une fiction imaginée pour justifier le paiement du *tributum* et du *stipendium*, et, dans la réalité des choses, les

(1) Gaius (com. II, § 21.)

fonds provinciaux, étaient distribués entre les habitants qui, en retiraient toute l'utilité et tous les avantages, comme s'ils en avaient été propriétaires. » (Lariche, tome I, page 597.) Le sol provincial ne pouvait être religieux, mais seulement tenu pour religieux (1). *L'usucapion* ne pouvait s'appliquer (2) aux fonds provinciaux, mais bien la *præscriptio longi temporis.* Plus tard, intervient la Constitution de Justinien (*Loi uniq. code VII-31, de usucapione transformandâ*), et désormais le fonds provincial fût susceptible d'être usucapé.

Sous Justinien, on peut acquérir un usufruit par la tradition, le droit civil et le droit prétorien étant arrivés à se confondre : dans les premiers temps, en pur droit civil, l'usufruit ne pouvait être acquis par tradition (3); mais, probablement que la tradition était employée alors, pour constituer un usufruit sur les fonds provinciaux (4).

Nous disions tout à l'heure, qu'on ne pouvait avoir sur les fonds provinciaux, un véritable *dominium;* de même, on ne pouvait avoir sur ces mêmes fonds une véritable servitude. Mais par des pactes et stipulations, on arrivait à un résultat analogue (5).

(1) Gaius (com. II, § 7.)
(2) Gaius (com. II, § 46.)
(3) Frag. Vaticana (§ 47 in fine.)
(4) Frag. Vaticana (§ 61.)
(5) Gaius (com. II, § 31.)

D'une règle spéciale aux fonds provinciaux, Justinien a fait une règle générale (1). On pouvait même en province (2) constituer par *in jure cessio* l'usufruit « hominum et ceterorum animalium ».

SECTION II.

De la condition des Pérégrins à Rome depuis l'établissement du prætor peregrinus (807) jusqu'à Justinien.

Nous allons, comme dans la première période, étudier la condition des pérégrins, quant à la famille (*jus connubii*), quant aux biens (*jus commercii*), quant aux obligations. Nous nous occuperons ensuite, de la célèbre Constitution de Caracalla qui, nous arrêtera quelque temps, à cause de sa grande importance; puis, nous dirons quelques mots des transformations opérées dans la Procédure.

(1) Justinien (Institutes, § 4 de servitutibus.)
(2) Gaius (com. II, § 32.)

1° *Connubium*. — En principe, les pérégrins n'ont pas le *connubium* avec les citoyens romains ; cependant ils peuvent quelquefois l'obtenir par une concession particulière : « Connubium (1) habent cives romani cum civibus romanis ; cum Latinis autem et *peregrinis* ita si concessum sit. » Le *matrimonium* de droit des gens est reconnu ; les pérégrins peuvent avoir sur leurs enfants la puissance paternelle ; mais il ne peut être question pour le pérégrin du mariage produisant les conséquences du droit civil romain, la puissance maritale, l'agnation, la puissance paternelle romaine. Gaius dit, en effet, en parlant de la puissance paternelle : « Item (2) in potestate nostrâ sunt liberi nostri, quos justis nuptiis procreavimus. Quod jus proprium civium romanorum est ; fere enim nulli alii sunt homines qui talem in filios suos habent potestatem, qualem nos habemus... » ; c'est une institution de droit civil.

Le pérégrin qui obtenait avec ses fils le *jus civitatis*, n'obtenait pas par là même et de plein droit sur eux, la *patria potestas* ; l'Empereur devait lui accorder ce droit expressément, et après examen. Ainsi le décide un édit d'Adrien (5).

(1) Ulp. Regul., titre V, § 4.
(2) Gaius, com. I, § 55.
(3) Gaius, com. I, § 93.

Un pérégrin ayant obtenu le *jus civitatis, cum uxore prægnante,* l'enfant, *quamvis romanus civis sit,* ne sera soumis à la puissance paternelle de son père, qu'autant que l'Empereur en aura ainsi décidé; ainsi le veut une *subscriptio* (rescrit) d'Adrien (1). Aussi le pérégrin qui sait que sa femme est enceinte, quand il demande pour elle, et pour lui le, *jus civitatis* à l'Empereur, doit-il demander en même temps, la puissance paternelle sur l'enfant qui va naître. Les Latins, au contraire, par cela seul qu'ils obtiennent le *jus civitatis,* obtiennent de plein droit la puissance paternelle (2). Nous devons mentionner ici la règle particulière aux vétérans dont parle Gaius (3) : « Unde veteranis quibusdam concedi solet principalibus constitutionibus, connubium cum his Latinis *peregrinisve, quas primas post missionem uxores duxerint,* et qui ex eo matrimonio nascuntur, et cives romani, et in potestate parentum fiunt. »

Justinien (4) dit aussi dans ces Instituts que le *jus connubii* n'existe qu'entre citoyens romains. L'Empereur pense surtout, aux *civis romani* et aux *provinciales* d'une part, et aux *barbares* d'autre part; il entend par là maintenir la prohibition de mariage avec les barbares, sans toutefois reproduire

(1) Gaius, com. I, § 94.
(2) Gaius, com. I, § 94.
(3) Gaius, com. I, § 57.
(4) Instituts, titre X, princip. liv. I.

la Constitution de Valentinien et Valens, qui, punissait de mort, une telle union : « Nulli (1) provincialium , cujuscumque ordinis aut loci fuerit, cum barbarâ sit uxore conjugium, nec ulli gentilium provincialis femina copuletur. Quod si, quœ inter provinciales atque gentiles affinitates ex· hujusmodi nuptiis exstiterint , quod iis in suspectum vel noxiumdetegitur, *capitaliter* expietur. »

M. Demangeat (2) examine la question de savoir si l'union contractée entre un citoyen romain et une pérégrine, sans concession de *jus connubii*, est un mariage ou un·simple concubinat, et il conclut en disant : « Il y aurait mariage et non pas simplement concubinat. » Il s'appuie sur la loi XIII, princ. et § 1, Dig. (48, 5), sur le titre IV, ch. V de la *collatio legum Mosaicarum*, sur la loi XIV, § 2, et la loi IV, § 1, Dig. (48, 5), mais je n'admettrais pas son opinion ; je pense avec M. de Fresquet (3) qu'il ne peut y avoir là qu'un concubinat. « Le concubinat, dit cet auteur, est l'union, *suivant le droit des gens*, de deux personnes qui ne *peuvent* ou qui ne *veulent* pas contracter de justes noces. Le mot *concubinatus* n'indiquait pas dans le langage romain, comme dans le langage moderne, un commerce illicite; c'était une

(1) L. unic. cod. Theod. (3, 14.)

(2) Demangeat (t. I, p. 255 (cours élémentaire de Droit romain).

(3) De Fresquet (t. I, p. 137 (traité élémentaire de Droit romain).

unior reconnue par la loi, « *per leges nomen assump-sit* » ; elle avait dans l'esprit des parties un caractère, durable ; mais c'était pour la femme surtout, un état moins honorable que les justes noces. Toutes les femmes *avec lesquelles on n'avait pas le connu-bium* ne pouvaient être que des concubines, pourvu qu'il n'y eut pas inceste. » Quant à M. Accarias (tome I, page 195 de son précis de Droit romain), il émet l'opinion que l'union contractée dans ces circonstances est « supérieure au *concubinat*, infé-rieure aux *justæ nuptiæ* (1). »

Les pérégrins ne peuvent être tuteurs, c'est une institution de droit civil ; ils ne peuvent recevoir de tuteurs, ils n'ont droit ni à protéger, ni à être proté-gés par la loi civile romaine qui n'est pas faite pour eux. J'en dirai autant de la curatelle. Ils ne peuvent non plus adopter, ni être adoptés.

2° *Commercium*—Nous avons dit en étudiant la première période, que les Romains, à l'origine, ne connaissaient qu'une seule espèce de *dominium*, le *dominium ex jure Quiritium*.

On était propriétaire, d'après le droit civil, ou bien on ne l'était pas, et pour être propriétaire, il fallait être *civis*.

Pour transférer le *dominium ex jure Quiritium* des *res mancipi*, il fallait employer la mancipation, ou les autres modes de droit civil. Quant aux *res*

______

(1) Loi 3, § 1 et 2 Dig. (25, 3).

nec mancipi, la tradition *ex justâ causâ*, pouvait en transférer le *dominium ex jure Quiritium* : c'est ce que nous indique le jurisconsulte Ulpien (1) : « Traditio, propria est alienatio rerum nec mancipi; harum rerum dominia ipsâ traditione adprehendimus, scilicet si ex justâ causâ traditœ sunt nobis. » Plus tard, le *dominium* se scinda en *dominium ex jure Quiritium* et *in bonis*, ainsi que nous l'apprend Gaius (2). Celui qui acquiert par tradition une *res mancipi* devient propriétaire bonitaire, le *tradens* restant *dominus ex jure Quiritium*. Pour qu'il en soit ainsi, je pense qu'il est nécessaire, que les deux personnes intervenant dans l'opération, soient toutes deux *cives romani*. Le *tradens* est-il un *peregrinus*, il ne pourra certainement pas être question pour lui de conserver le *dominium ex jure Quiritium*. Supposons-nous au contraire, que l'*accipiens* est *peregrinus*, il ne pourra prétendre au *domaine bonitaire*, le *tradens* conservant le *dominium ex jure Quiritium*. Gaius dans la première partie du § 40 dit, en effet, qu'il n'existe chez les pérégrins qu'un seul *dominium*; la deuxième partie de ce paragraphe, ne s'applique qu'aux citoyens romains seuls : pour les pérégrins, il n'y a pas à distinguer deux espèces de *dominium*; ce qu'ils acquièrent, quand on leur transfère par tra-

____

(1) Ulp. frag. XIX, § 7.
(2) Gaius Com. II, §§ 40 et 41.

dition une *res nec mancipi*, ce qu'ils transfèrent, c'est un *dominium sui generis*, qui leur est tout à fait particulier. M. Demangeat (1) signale l'effet spécial de la tradition dans ce cas. « Au fond, dit-il, la tradition *ex justâ causâ* d'une *res mancipi*, entre deux personnes dont l'une *peregrinæ conditionis*, a le même effet qu'aurait eu la mancipation de cette chose, *inter cives romanos*. » Pour le savant auteur, c'est la saine application des principes, et les textes qu'il cite, sont très-concluants dans le sens de son opinion (2). Les citoyens romains seulement, ou les pérégrins auxquels des concessions spéciales du *jus commercii* avaient été faites, peuvent être véritablement propriétaires dans le sens romain : mais le *dominium sui generis* des autres pérégrins, grâce à l'intervention du préteur, est maintenant protégé d'une manière sérieuse et efficace ; ils ne sont plus, comme dans la première période, simples détenteurs de fait, livrés à la violence, pouvant être spoliés et évincés, sans que la loi vienne leur faire rendre justice. Ceux qui viennent à perdre la possession d'un fonds provincial, avant que le temps de la *prescriptio longi temporis* soit terminée, ont l'action publicienne (3). Ils peuvent opposer l'exception *rei venditæ et tra-*

(1) Cours élémentaire de Droit Romain, tome I, p. 480.
(2) Ulp. fragm. I, § 16. — Fragm. Vaticana, § 47. — Loi 12, § 8. D. 49-15.
(3) Loi 12, §§ 2 et 3. D. de publ. in rem actione.

ditæ, ou l'exception générale de dol ; défendre enfin leur propriété par tous les moyens légaux. La *prescrip... longi temporis* fut établie à côté de *l'usucapion ;* ces deux institutions vécurent l'une et l'autre de leur vie propre, servant chacun des intérêts différents, jusqu'au jour où Justinien (1), par une constitution célèbre, en faisant disparaître toute distinction entre les *res mancipi* et les *res nec mancipi,* entre les fonds italiens et les fonds provinciaux, entre le *dominium ex jure Quiritium* et l'*in bonis*, les fondit ensemble : « ut sit rebus et locis omnibus similis ordo, inutilibus ambiguitatibus et differentiis sublatis. » On en était revenu à ne reconnaître qu'un seul *dominium*, accessible à tous, susceptible d'être acquis par tradition dans tous les cas, et quelles que fussent les choses à transmettre.

Le vieux droit, avec ses rigueurs, était vaincu par le droit prétorien, qui avait marché lentement vers les progrès de toute nature ; on était loin des formules sacramentelles, on n'avait que faire des anciennes pantomimes. Désormais la tradition que le droit des gens avait apportée, va jouer, admise par la loi, le rôle qu'on lui avait refusé : « nihil enim tam conveniens est naturali æquitati, quàm voluntatem domini volentis rem suam in alium transferre, ratam haberi (2). »

(2) L. I. Cod. VII. 31.
(1) Institutes lib. II, tit. I, § 40.

Le pérégrin concessionnaire de terres provinciales, en affranchissant un esclave, ne peut en faire un affranchi Latin, parce que la loi *Junia*, qui a créé la classe des Latins, ne s'applique pas aux pérégrins, lorsqu'ils affranchissent. Cependant le préteur intervient, et ne tolère pas, que l'affranchi serve comme un esclave, à moins cependant que la loi de l'étranger ne le décide autrement (1). Le chef de la loi *Ælia Sentia*, qui décide que ceux qui ont été affranchis « creditorum fraudandorum causâ » restent esclaves, s'applique aussi aux pérégrins « senatus ita censuit ex auctoritate Hadriani » : quant aux autres chefs de cette loi, ils ne concernent que les citoyens romains (2).

Les pérégrins peuvent faire un testament. Ulpien (3), en parlant du Latin Junien ou du déditice, nous dit, qu'ils ne peuvent faire de testament : le Latin, parce que la loi *Junia* lui défend, le déditice, parce qu'il ne peut le faire comme citoyen romain, puisqu'il est pérégrin; ni comme pérégrin, puisqu'il n'est citoyen d'aucune ville en particulier, et qu'il ne peut dès lors tester selon les lois de la cité à laquelle il appartient. On est donc autorisé à dire que le pérégrin peut faire un testament,

(1) Disputatio Forensis maxime de manumissionibns, §§ 12 et 14.

(2) Gaius, com. I, § 47.

(3) Ulp. frag. tit. XX, § 14.

en suivant les lois de sa cité. Il est vrai, qu'on a voulu remplacer, dans le manuscrit, le mot « *secundum* » par le mot « *adversùs* » ; mais je ne vois à cela aucune raison sérieuse, cette correction est purement arbitraire. Les pérégrins ne pourraient, au contraire, recevoir par testament, des citoyens romains. Pour les succession *ab intestat*, nous n'avons pas de texte à l'appui de notre opinion; mais nous pensons, que si le pérégrin peut tester, ce qui est l'*optimum jus*, il peut aussi transmettre *ab intestat.* On a voulu cependant soutenir le contraire, et prétendre que le fisc s'emparait des successions *ab intestat* des pérégrins. Nous ne saurions l'admettre, en présence du texte que les partisans de ce système, apportent pour soutenir leur opinion : le texte de Commode, de *jure fisci*, parle bien de la confiscation des biens des otages et des captifs, mais il est impossible, de conclure de ce texte exceptionnel, applicable à certaines personnes déterminées, à un principe général, applicable à tous les pérégrins (1).

Les pérégrins pouvaient dès les temps plus reculés, recevoir à titre de fidéicommis, ainsi que cela nous est indiqué par Gaius (2). « Ut ecce peregrini

---

(1) On a cherché aussi dans ce texte l'origine du *droit d'aubaine*, il n'a pas une origine romaine, il a sa source dans les lois germaniques. (*Obsidum bona, sicut captivorum omnimodò in fiscum esse cogenda.*).

(2) Gaius, com. II, § 285.

poterant fideicommissa capere, et fere hæc fuit origo fideicommissorum. » Mais plus tard, au contraire, il leur fut défendu de recevoir de cette manière, et les *fideicommis* qui leur seraient faits seraient revendiqués par le fisc : « sed postea id prohibitum est, et nunc ex oratione divi Hadriani senatus-consultum factum est, ut ea fideicommissa fisco vindicarentur. »

Le pérégrin peut faire un legs ; il peut faire une donation à cause de mort, et une donation entre vifs. En effet, « (1) la donation était d'abord, non pas un mode spécial d'acquérir, mais un acte de libéralité susceptible de s'opérer par tous les modes d'acquérir, soit du droit des gens, soit du droit civil, et par conséquent accessible aux étrangers ; et la donation, ayant ensuite été élevée au rang d'un contrat particulier, le fut à une époque, où le droit des gens avait déjà envahi le droit civil, et où tous les contrats étaient communs aux étrangers. »

Passons maintenant aux obligations. Les pérégrins peuvent s'obliger *consensu* (vente, louage, société, mandat) ; ils ont les actions qui naissent de ces contrats : ils ont l'action *præscriptis verbis,* ou la *condictio causa data, causa non secuta.* Ils peu-

____

(1) Demangeat, Hist. de la cond. civ. des étrangers en France, page 132,

vent s'obliger *re* (mutuum, commodat, dépôt, et gage (1).

Peuvent-ils s'obliger *verbis?* Oui, mais pas d'une manière générale : certaines formes leur sont en effet interdites. Ils peuvent s'obliger ainsi : *Dabis ? dabo ; Promittis ? promitto ; Fidepromittis ? fidepromitto ; Fidejubes ? fidejubeo ; Facies? faciam;* Ils ne peuvent au contraire s'obliger ainsi : *Dari spondes ? spondeo.* Gaius nous l'indique dans son commentaire III, § 93. « Sed hæc quidem verborum obligatio « *dari Spondes? spondeo* », propria civium romanorum est : ceteræ vero juris gentium sunt. »

Exceptionnellement cependant, un pérégrin pouvait être obligé par cette formule essentiellement romaine : « si imperator noster principem alicujus peregrini populi, de pace ita interroget : *pacem futuram spondes ?* vel ipse eodem modo interrogetur. »

Plus tard les paroles sacramentelles disparaîtront, et comme nous le dit Justinien (2), la Constitution de Léon (3) demandera seulement « solemnitate verborum sublatâ, sensum et consonantem intellec-

---

(1) A mesure que l'influence des étrangers augmenta, les actions de bonne foi devinrent de plus en plus considérables. Cicéron (*lib. III, de officiis*), nous dit qu'il y en a *six*. Gaius (*com. IV,* § 62), en compte *dix.* Justinien (*Inst. lib. IV, tit. VI,* § 28) en indique *quinze.* Les pérégrins jouissent de ces actions.

(2) Institutes lib. III, titre XV, § 1.

(3) L. X, Cod. VIII, t. XXXVIII,

tum ab utraque parte. » Dès lors, la distinction que fait Gaius, n'aura plus d'importance.

Il est de principe que l'obligation contractée par un *fidéjusseur* est transmissible à ses héritiers. Il n'en est pas de même de l'obligation contractée par un *sponsor* ou un *fidepromissor*, à moins cependant, qu'il ne s'agisse d'un *sponsor* ou d'un *fidepromissor peregrinus*, auquel cas ses héritiers sont aussi tenus : « nisi (1) si de peregrino fidepromissore quæramus et alio jure civitas ejus utatur. » Cette dernière partie du texte est à signaler.

On était en désaccord relativement au point de savoir, si des *sponsores* ou des *fidepromissores* pouvaient valablement garantir la promesse faite par un pérégrin (2) : « at illud quæritur, si servus aut peregrinus spoponderit, an pro eo sponsor aut fidepromissor obligatur. »

Les pérégrins pouvaient nover ; ils pouvaient certainement faire acceptilation : on n'en peut douter, en présence d'un texte d'Ulpien (3) qui nous dit, que l'acceptilation est de droit des gens : « quia hoc jure utimur, ut *juris gentium* sit acceptilatio ; » du reste, et indépendamment de cette loi, on comprend que les pérégrins puissent anéantir *verbis*, une obligation qu'ils ont pu créer *verbis*. Les pérégrins peuvent-

(1) Gaius, com. III, § 120.
(2) Gaius, com. III, 119.
(3) L. VIII, § 4, in fine. Dig. de acceptilatione XLVI, IV.

ils contracter *litteris? Arcariis nominibus*, ils le peuvent d'une manière générale : « Unde (1) proprie dicitur, arcariis nominibus etiam peregrinos obligari, quia non ipso nomine, sed numeratione pecuniæ obligantur; quod genus obligationis *jus gentium* est. »

Quant aux *nomina transcripticia*, on se demandait si les pérégrins pouvaient être obligés de cette manière, parce qu'une obligation de cette nature est de droit civil. Ils l'étaient toujours, d'après l'opinion de Nerva ; Sabinus et Cassius pensaient au contraire, que les pérégrins pouvaient être obligés, si le *nomen transcripticium* était *a re in personam;* qu'ils ne l'étaient pas dans le cas d'un *nomen transcripticium a persona in personam* (2).

La manière de s'obliger *chirographis et syngraphis* était toute particulière aux pérégrins : « quod genus obligationis proprium peregrinorum est » (3), aussi étaient-ils valablement obligés de cette manière.

Nous savons combien les Romains des premiers âges se montraient jaloux de leur qualité de citoyen, et comme, ils « tenaient le droit de cité fort précieux (4)» ; plus tard, et peu à peu, ils le concédèrent, soit à des individus en particulier, soit à des

(1) Gaius, com. III, § 132.
(2) Gaius, com. III, § 133.
(3) Gaius, com. III, § 134.
(4) Bacquet, 1re partie, ch. II. Droict d'aubeine.

cités, et même à des provinces. Claude (1) par un sénatus-consulte, l'accorde à un grand nombre de Gaulois. L'Empereur Marc Aurèle, si l'on en croit un auteur (2), en fit la concession à ceux qui, pour le recevoir, lui payaient une somme d'argent déterminée. Antonin Caracalla alla plus loin ; il fit une Constitution par laquelle il accorda le *jus civitatis* à tous ceux qui habitaient l'Empire. « In (3) orbe romano qui sunt, ex constitutione imperatoris Antonini, cives romani effecti sunt. »

Disons un mot du motif qui a déterminé Antonin Caracalla. On se tromperait étrangement, si l'on pensait que cet Empereur a été mû par un sentiment de générosité et de justice. Il est trop connu dans l'histoire, où sa figure restera, comme une des plus tristes, dans ces temps d'oppression et de misère. Il a eu pour but de remplir son trésor vide, et il a voulu rendre citoyens les pérégrins de son empire, pour leur faire payer la « *vicesima heredi-talis* », en les faisant tomber sous l'application de la loi *Julia de vicesimâ*. « Ainsi (4), l'esprit fiscal était un serviteur inconscient du progrès. Un despote avait réalisé paisiblement, et avec plus d'étendue, la

(1) Tacite, Annales XI, 23-24.

(2) Aurelius Victor, XVI, « *data cunctis promiscue civitas romana.* »

(3) Loi XVII, Dig. I, V.

(4) Accarias, précis de Droit romain, t. I, fascicule I, p. 94.

pensée démocratique, qui avait valu une mort violente aux deux Gracchus, et au tribun Drusus. »

Cette concession du *jus civitatis* aux pérégrins habitant l'empire, aura pour résultat de frapper d'un impôt de 1/20 (1), toute hérédité, legs ou donation *mortis causâ* venant d'eux, impôt qu'ils n'avaient pas payé jusqu'alors, parce qu'ils n'étaient pas citoyens.

Maintenant que nous connaissons le mobile qui a poussé Caracalla, demandons-nous quelle portée il faut attribuer à sa constitution ? On est loin d'être d'accord à ce sujet ; les uns veulent qu'elle soit applicable, non seulement aux pérégrins qui étaient *in orbe romano* quand elle a été faite, mais encore à tous ceux qui pourraient venir s'y fixer dans la suite (2) ; je ne saurais partager cette manière de voir, et je pense, qu'elle ne concerne pas ces derniers ; nous avons encore en effet des pérégrins après Caracalla.

On est généralement d'accord pour dire qu'elle ne s'occupe pas des esclaves. A t-elle fait disparaître les Latins coloniaires ? M. Demangeat (3) l'admet, et il croit que le § 6 *du titre XIX des fragments d'Ulpien* où il est question de Latins colo-

---

(1) Sous Caracalla il fut même de 1/10 : Macrin le reporta ensuite à 1/20.

(2) Ortolan, t. I, n° 382. Contra Demangeat, t. I, p. 165. Accarias, t. I, p. 94. Lariche, t. I, p. 150.

(3) Demangeat, t. I, p. 165.

niaires, doit être antérieure à la constitution. Sans vouloir contredire le savant auteur, j'estime qu'il est préférable de laisser la question indécise, et de ne se prononcer, ni dans un sens, ni dans l'autre.

Que dire des affranchis Latins Juniens, des dédilices, des déportés ? Ils ne peuvent invoquer la constitution, après comme avant, ils gardent leur condition. Après les réformes de Justinien, il n'y aura plus dans l'empire, que des citoyens, des esclaves, des déportés et des barbares ; et c'est lui seulement qui fera disparaître les autres classes d'hommes que la constitution de Caracalla avait laissées subsister.

Arrivons aux transformations que la procédure a subies dans cette période, grâce à l'influence des pérégrins.

A l'origine, il n'y avait qu'un *prœtor urbanus* destiné à terminer les procè. entre citoyens romains seulement ; mais quand, avec le temps, à la suite des conquêtes, les Romains entrèrent en relation avec les étrangers, quand le commerce, faisant sentir son influence bienfaisante, rapprocha des nations jusqu'alors en hostilité continuelle, on créa un *prœtor peregrinus* qui eut pour mission de juger les différends entre citoyens et étrangers.

Il est inutile de s'étendre longtemps sur le rôle des préteurs qui, en face du droit civil, cherchèrent constamment à modifier, à corriger, à étendre ses dispositions, à suppléer à ses lacunes, et à l'approprier au nouvel état de choses. C'est la lutte entre le *jus gentium* et le *jus civile*, lutte longue et difficile, qui devait enfin aboutir au triomphe du premier.

Dans leurs édits, les préteurs, tout en respectant la loi des XII tables, ce vieux monument laissé par les ancêtres, en éludent les règles, et appliquent celles du droit des gens qui leur paraissent les meilleures. Cette transformation dans les lois eut pour résultat, de faire disparaître le *système de procédure des legis actiones*, qui fut remplacé par le *système formulaire*.

Le *prætor peregrinus*, employait des formules conçues *in factum*, et les *recuperatores*, après l'examen des questions de fait qui leur étaient posées, rendaient leur jugement. Quand le *prætor urbanus* remplaçait le *prætor peregrinus*, il procédait de la même manière; aussi prit-il bientôt l'habitude, même *inter cives romanos*, de procéder *par formules*. Cependant, il n'était pas nécessaire alors qu'elles fussent *in factum conceptæ*; elles étaient calquées sur les *legis actiones*, et en reproduisaient les termes aussi fidèlement que possible. « Quædam (1) præterea sunt actiones (*lisez formulæ*), quæ ad legis actionem exprimuntur, quædam suâ vi ac potestate constant. » Cet usage fut bientôt consacré par la loi, et les *legis actiones* disparu-

(1) Gaïus, com. IV, § 10.

rent complétement. « Sed (1) istæ omnes legis actiones paulatim in odium venerunt; namque ex nimiâ
subtilitate veterum qui tunc jura condiderunt, eò res
perducta est, ut vel qui minimum errasset, litem
perderet. Itaque per legem *Ebutiam* et *duas Julias*
sublatæ sunt istæ legis actiones; effectum que est
ut per concepta verba, idest, per formulas litigare-
mus. Tantum ex duabus causis permissum est lege
agere, *damni infecti* et si *centumvirale judicium
fit......* »

Un changement d'une grande importance, qu'il
importe de signaler, dans l'histoire de la condition
civile des pérégrins, c'est la création des *fictitiæ
actiones in jus conceptæ*. Le pérégrin victime d'un
vol, était incapable d'agir contre le voleur, parce
qu'il n'y avait que les citoyens qui puissent *agere
furti* ; il était également incapable *agere damni
injuriæ;* désormais il sera sur le pied d'égalité avec
les citoyens ; il pourra intenter ces actions, et on
pourra les intenter contre lui. Gaius (1) nous expli-
que parfaitement comment se passent les choses.
« Item civitas Romana *peregrino fingetur*, si eo
nomine agat, aut cum eo agatur, quo nomine nos-
tris legibus actio constituta est, *si modo justum sit
eam actionem etiam ad peregrinum extendi :* velut
si furtum faciat peregrinus, et cum eo agatur, for-

____

(1) Gaius, com. IV, §§ 30 et 31.
(2) Gaius, com. IV, § 37.

mula ita concipitur : *Judex esto. Si paret (ope) consilio ve Dionis Hermœi filii furtum factum esse paterœ aureœ, quam ob rem eum, si civis romanus esset, pro fure damnum decidere oporteret, et reliqua. Item si peregrinus furti agat, civitas ei romana fingitur. Similiter si ex lege Aquiliâ peregrinus damni injuriœ agat, aut cum eo agatur, fictâ civitate Romanâ, judicium datur.* »

Signalons pour terminer : la différence que Gaius (1) nous fait connaître quant au délai de péremption d'instance, entre les *judicia legitima* et les *judicia imperio continentia.* Ces derniers étaient les seuls qui pouvaient exister pour les pérégrins.

Nous avons fini l'étude de la condition civile des pérégrins à Rome ; voici les barbares et avec eux la dévastation et le règne de la force brutale. « La construction impériale, qui pendant deux cents ans avait essuyé, sans en être ébranlée, le choc et le tumulte des premières invasions, résista pendant deux cents ans encore, mais de jour en jour plus mollement, à la violence toujours croissante des flots soulevés. Chacune des vagues qui viennent battre ses remparts, s'élève un peu plus haut que celle qui l'a précédée ; chaque secousse fait tomber quelques pierres du vaste cordon de tours et de

______

(1) Gaius, com. IV, §§ 104, 105, 109.

bastilles qui la protégent. Le monument tout entier
finira par s'écrouler, et un jour, les barbares vien-
dront dresser leurs tentes, au milieu de ses débris ;
mais les débris seront indestructibles, et c'est avec
eux, que seront bâties les constructions nouvelles,
destinées à remplacer la première. Rome, qui avait
si longtemps triomphé des attaques de ses ennemis,
ne succomba enfin sous leurs coups, que pour leur
imposer la tyrannie de ses leçons et de ses idées,
en subissant celle de leurs déprédations et de leurs
ravages. » (1)

(1) Lehuërou, Histoire des Institutions mérovingiennes,
page 75.

CHAPITRE TROISIÈME.

De la condition des étrangers (warganei) en Germanie, en présence des associations d'hommes libres réunis par une fidéjussion réciproque.

Pour bien comprendre qu'elle était la condition des étrangers en Germanie, il faut dire un mot de l'organisation particulière du pays.

Tous les hommes libres (*arimanni, hermanii, friborgii, rachimburgii*) étaient unis entre eux par les liens d'une solidarité (1) (*plegium*); ils répondaient l'un de l'autre, et contribuaient au paiement du *verhgeld* qui venait frapper l'un d'entre eux, dans le cas où, ni le coupable, ni sa famille, ne pouvaient le faire. Aussi, pour être reçu dans ces associations, devait-on nécessairement obtenir le consentement de tous ceux qui en faisaient partie. Ces réunions, s'étendaient sur tout le pays, dont elles étaient des-

(1) Lois d'Edouard le confesseur (cap. 20). de Kanut le Grand (cap. 19).

tinées, dans ces époques de troubles et de boule-
versements, à faire respecter les institutions, en
assurant, en même temps, la sécurité de chacun en
particulier. L'absence d'un gouvernement central,
stable et régulier, fut la cause de leur développement
considérable; on était obligé de se protéger soi-
même, puisqu'on ne l'était pas officiellement.

On donnait le nom de *Warganei, Gargangi,*
à tous les hommes non serfs, qui ne faisaient partie
d'aucune association d'hommes libres.

Ce nom de *Warganeus* s'appliquait également
aux étrangers, aux vagabonds, aux gens sans
aveu. Pour savoir si une personne était étrangère,
on n'avait pas à examiner la question de savoir où
elle était née, à quelle nation appartenaient ses
père et mère. On était étranger, par cela seul qu'on
ne faisait pas partie de l'association des hommes
libres du *pagus* dans lequel on habitait. Il y avait,
d'après ce que nous lisons dans la loi salique (1),
admission de plein droit des *Warganei* dans l'association, si douze mois s'étaient écoulés, depuis leur
apparition dans le pays. « Si quis admigravit, et
ei aliquis infrà XII menses nullus testatus fuerit,
ubi admigravit, securus sicut alii vicini consistat. »

En dehors de la fidéjussion, on est en dehors de
la loi. Le *Warganeus* n'a pas le droit de porter les
armes; il ne peut succéder aux barbares; il n'a ni

____

(1) De migrantibus § 2, tit. 48.

droits politiques, ni civils ; il ne peut être propriétaire, avoir l'*arimannia* (1). Il est redouté : « La
crainte (2) de l'étranger alla si loin dans l'esprit des
peuples germaniques, qu'ils finirent par mettre en
état de suspicion légitime, tous ceux qui ne rele-
vaient de personne ; et nous trouvons dans les lois
barbares et les Capitulaires, plus d'une disposition
qui témoigne de cet état de l'opinion, et des néces-
sités sociales sous l'empire desquelles elle s'était
accréditée. » Le *Warganeus* qui commet un crime
peut être mis à mort, ou bien réduit en servitude.
S'il veut s'obstiner à habiter le *pagus* sans être
avoué par un homme libre, il peut être soumis
à l'arbitraire de la force, même si sa conduite
est complétement à l'abri du reproche. Il doit
donc, s'il veut être *securus*, avoir un patron qui
réponde pour lui. Les liens d'hospitalité sont con-
tractés en très-peu de temps ; si donc, on veut
échapper aux conséquences de la présence du *War-*
ganeus dans sa maison, il faut le renvoyer au bout
d'*un* ou *deux* jours ; si on l'avait gardé le temps
fixé par la loi, on était immédiatement responsable
de sa personne, et s'il se rendait coupable de quelque crime, on était obligé de payer pour lui le
werhgeld. L'étranger avait-il habité *trois* nuits sous
votre toit, vous étiez réputé son patron. Plusieurs

(1) Tacite, Germania, § 26. César. de bello Gallico. VI,
§ 22.

(2) Lehuëron. Instit. Carolingiennes, page 15.

textes curieux rapportés par M. Demangeat dans sa *Monographie sur la condition civile des Etrangers* (1), nous font bien comprendre les dispositions des lois barbares à cet égard : « *Two night gest, trid night agen hine* », disaient les anciens Saxons. Nous trouvons encore dans une autre loi (2) ce passage non moins formel : « Si quis hospitaverit privatum, vel alienum, qui anglicè *cuth und uncuth* dicitur, poterit eum noctibus habere duabus tanquam hospitem.....; quem si tertià nocte hospitatus fuerit, et is alicui forisfecerit, habeat eum ad rectum tanquam de proprià familià... si verò malefactor non poterit damnum restaurare quod fecerat, hospes suus restaurabit, et foris facturam. » Ailleurs (3) les mêmes dispositions se trouvent encore reproduites. Britton nous dit dans son vieux langage : « *En droit de hoste, volons que chescun respoine pur son hôste qu'il auera hesbergé plus de deux nuyts ensemble, issint que la première nuyt soit le estraunges tenu unkouth, l'autre nuyt geste, et la tierce nuyt hogenhine.* » Le mot *gest* correspond au mot latin *hospes*, le mot *hine* au mot latin *familiaris*, le mot *cuth* ou *uncuth* correspond au mot latin *advena*.

L'étranger qui, chez les Anglo-Saxons, passait

(1) Voir pages 28 et suivantes.
(2) Leg. Edowardi regis. XXVII de hospitibus (rapporté par Lehuëron. Inst. Carolingiennes, page 10).
(3) Lois de Hlothaire et d'Edric § 15, Canciani p. 231 tome IV.

à travers bois, devait sonner du cor, ou bien crier, pour avertir de sa présence, sinon il était tenu pour un voleur et pouvait être mis à mort. D'après cette même loi, celui qui avait bien voulu recevoir un étranger, devait avoir soin de l'accompagner, jusqu'au moment où il arrivait chez un hôte nouveau : on redoutait de le laisser aller seul, il aurait commis des crimes.

Si l'on en croit Méginhard (1), les étrangers étaient vendus d'après la loi saxonne.

A côté de ces lois qui se montrent si dures pour l'étranger, il en est d'autres, au contraire, qui font un devoir de le protéger. Telle est la loi *Gombette* qui défend de réduire l'étranger en esclavage. Le Burgunde était obligé de le recevoir chez lui, sous peine d'une amende de 8 sous d'or ; s'il le renvoyait chez un Romain, il devait payer à ce Romain 3 solides, et 3 solides au fisc. « Si (2) in causâ privatâ iter agens, ad Burgundionis domum venerit, et hospitium petierit, et ille domum Romani ostenderit, inferat illi cujus domum ostenderit, solidos tres ; et mulctæ nomine solidos tres. » La loi des Wisigoths n'est pas moins douce dans ses dispositions vis-à-vis de l'étranger. Nous possédons aussi un texte de Tacite, le § 22 de sa *Germanie*. Si l'on en croit l'historien Latin, les Germains sont les plus hospitaliers des peuples. « Il n'y a (3) guère de

(1) Agiographe du ix⁰ siècle.
(2) Lex Burg., tit.38, § 6.
(3) Tacite, traduit par le sieur d'Ablancourt, t. III, p. 452.

peuples, qui se plaisent plus à traiter et à recevoir les étrangers. C'est un crime de fermer sa maison à qui que ce soit. Quand vous arrivez chez quelqu'un, il vous donne ce qu'il a, et lorsqu'il n'a plus rien, il vous mène lui-même chez son voisin, qui vous reçoit avec le même visage et la même franchise. On ne distingue point, en cela, l'ami de l'étranger. »

En présence de ces textes contradictoires, la question s'est élevée de savoir ce qu'on devait penser de l'hospitalité chez les Germains?

Je pense pour ma part qu'il ne faut pas s'en rapporter à ce que dit Tacite. Son témoignage est suspect, si on se rappelle, qu'il a eu pour but d'opposer les mœurs des Germains, aux mœurs des Romains de la décadence. Quand on fait un parallèle, on est bien souvent exposé à tomber dans l'exagération. Aussi, « on a toujours soupçonné ce grand écrivain, de prêter quelquefois des vertus aux barbares, pour faire contraster ces vertus, avec les mœurs des Romains de son temps, et pour leur servir de reproche (1). »

En admettant, avec Tacite, que les Germains soient obligés d'ouvrir leur maison à l'étranger, j'y vois bien plutôt le désir qu'on avait d'obliger les hommes libres du *pagus* à veiller sur lui, que celui qu'on avait de remplir un acte d'humanité,

(1) Demangeat, hist. de la cond. civ. des étrangers, p. 26.

et de mettre en pratique la vertu d'hospitalité. On ne s'exposait pas, sans doute, à laisser s'écouler les trois nuits légales, après lesquelles nous savons que l'étranger devenait *hogenhine*. Quant à la loi des Wisigoths, elle ne peut rien contre notre opinion : elle est certainement bien moins dure que les autres lois; mais cela se comprend, elle date en effet du VIIe siècle; elle est faite par les évêques qui, imbus des doctrines d'une civilisation avancée, ont, malgré l'arrivée des barbares, conservé les idées des derniers Empereurs, et ne peuvent comprendre qu'on traite les étrangers, comme à l'époque de la loi des XII tables. Mais du moins la loi des Bourguignons peut-elle fournir contre notre opinion, un argument sérieux, et nous amener à penser que les Germains étaient les plus hospitaliers des hommes? Non certes. Ces défenses de repousser les étrangers, de les mettre à mort, d'en faire des esclaves, ce désir de les protéger, de les secourir, d'améliorer leur condition, nous font bien voir que l'habitude des Germains était de les maltraiter. Ces lois cherchent à combattre les vieux préjugés de cruauté. Loin de prouver en faveur de l'hospitalité des Germains, elles établissent au contraire qu'ils n'étaient pas hospitaliers.

CHAPITRE QUATRIÈME.

De la condition des Étrangers depuis l'arrivée des Francs dans la Gaule jusqu'en 1789.

SECTION I.

Législation Mérovingienne et Carlovingienne.

Nous mettons enfin le pied dans notre histoire nationale : nous allons suivre la condition civile des étrangers en France, depuis les origines jusqu'à nos jours, en étudier les phases diverses et les transformations successives.

Sortis de leurs forêts, les Germains ont envahi l'empire et l'ont abattu ; une de leurs tribus a pénétré dans la Gaule, et y est devenue prépondérante, c'est celle des Franks ; peu à peu, ils se sont avancés, refoulant les barbares qui les avaient précédés, accueillis et salués par les Romains, qui étaient heureux de pouvoir enfin secouer le joug sous lequel ils gémissaient depuis si longtemps. « Les (1) Franks se firent les défenseurs de l'Occident civilisé. Ils prirent sur les périlleuses frontières de la Gaule , la place des légions dans les rangs desquelles ils avaient combattu. Ils ne permirent pas que d'autres vinssent partager leurs conquêtes : ils se trouvèrent donc les ennemis naturels des invasions. Le reste des barbares, qu'entraînait encore l'impulsion du siècle passé, vint échouer contre cet obstacle. »

Les Franks, au moment de leur prise de possession, étaient des étrangers pour les Gallo-Romains. Bientôt ces derniers, furent considérés, à leur tour, comme des étrangers par les Franks victorieux ; non comme des étrangers proprement dits, mais comme des vaincus auxquels les conquérants laissent leur loi personnelle, car ils les méprisent, sans les redouter, et sont peut-être aussi retenus, par le prestige que conservaient encore à leurs yeux, les institutions laissées après elle par la civilisation romaine. Les Franks n'étaient pas seulement en présence des Gallo-Romains ; sur le sol de la Gaule,

(1) Frédéric Ozanam. La civilisation chrétienne chez les Franks. — Etudes germaniques, tome II, page 64.

à cette époque, nous trouvons des Burgundes, des Alemans, des Visigoths, et d'autres peuples de même origine que les Franks, vivant comme eux sous l'empire de leur loi personnelle. Il est bien difficile de dire qui, à cette époque de réorganisation, est étranger ? Le Frank voit dans l'Aleman, le Burgunde, le Visigoth, un étranger, et l'Aleman, le Burgunde et le Visigoth, font de même pour le Frank. Là où domine l'élément Frank, les autres barbares sont opprimés, et réciproquement, les Franks sont opprimés, là où ils sont en petit nombre. Mais enfin si nous nous plaçons au point de vue Frank, nous dirons avec un savant historien : « (1) Le premier rang dans l'ordre civil, appartenait à l'homme d'origine franke, et au barbare vivant sous la loi des Franks ; au second rang, était le barbare vivant sous sa loi originelle ; puis venait l'indigène libre et le propriétaire, le *Romain possesseur*, et, au même degré, le *Lite* ou colon Germanique ; puis le *Romain tributaire*, c'est-à-dire le colon indigène ; puis enfin l'esclave, sans distinction d'origine. »

Le *werhgeld* fixé par la loi salique, varie suivant qu'il s'agit du meurtre d'un individu, appartenant à l'une ou à l'autre de ces classes : un homme vaut plus ou moins, selon qu'il est Frank, barbare ou Romain, colon germanique ou esclave, Aleman,

____

(1) Aug. Thierry. Histoire du Tiers-Etat, p. 4.

Bavarois ou Saxon (1). Ces dispositions pénales sont très curieuses, ces peuples y tenaient beaucoup, et plus tard, quand les rois Mérovingiens voulurent substituer, dans certains cas, la peine de mort au paiement du *werhgeld*, ils rencontrèrent de grandes résistances. Montesquieu (2) accuse la loi salique de partialités : « Elle établit, dit-il, entre les Franks et les Romains les distinctions les plus affligeantes. »..... « Elle mettait une cruelle différence, entre le seigneur Frank, et le seigneur Romain, et entre le Frank et le Romain qui étaient d'une condition médiocre. »

(1) V. à ce sujet la lex salica (titre XLIII, § I, § VII, § IV, § VIII, — titre XI, § III) (pages 220 et 209, tome IV, apud script. rer. Gallic. et Francic.), et aussi la lex Ripuarium (titre VII, titre XXXVI, § I, § II, § IV, § III, pages 237 et 241. cod. loco.). Pour le meurtre du barbare libre, compagnon ou leude du roi, tué dans sa maison par une bande armée, chez les Saliens : 1800 sols. Le duc chez les Bavarois, l'évêque chez les Alamans : 960 sols. L'évêque chez les Ripuaires, le Romain leude du roi, chez les Saliens : 900 sols. Le Salien ou le Ripuaire libre : 200 sols Le barbare libre des autres tribus : 160 sols. L'esclave bon ouvrier en or : 150 sols. Le Romain propriétaire, le lite germanique, l'esclave ouvrier en argent : 100 sols. L'esclave barbare : 35 sols, etc., etc. — Childebert en l'an 595 remplaça le werhgeld par la peine corporelle, comme le faisait la loi romaine. Mais sa constitution ne fut pas longtemps respectée, et tomba après la mort de la reine Brunehaut. On évalue généralement le sou d'or à 9 fr. 28 cent. (valeur réelle) et à 99 fr. 53 cent. (valeur actuelle).

(2) Esp. des lois, livre XXVIII.

On s'est démandé si le principe de la personnalité des lois avait pris naissance sur le sol germanique avant les invasions, s'il datait d'une époque
reculée, ou, s'il n'avait commencé, qu'après la
conquête, et par suite de la présence en Gaule, de
plusieurs peuples différents?

Si nous en croyons l'auteur de l'Esprit des lois (1),
ce principe existait déjà chez les Germains. « Je
trouve l'origine de cela dans les mœurs des peuples
germains.... l'esprit des lois personnelles était donc
chez ces peuples avant qu'ils partissent de chez
eux, et ils le portèrent dans leurs conquêtes, » dit
Montesquieu.

Je n'admets pas cette manière de voir. A mon
avis, le principe de la personnalité, a été la conséquence d'un état de choses tout particulier; le résultat nécessaire de la présence, dans un même
pays, de plusieurs peuples réunis. Les chefs de tribus qui, à cette époque, venaient remplacer les
vieux Romains, n'avaient pas le temps d'être législateurs, ils étaient avant tout guerriers, et leur
temps était employé surtout, à diriger leurs bandes,
pour assurer la tranquillité, et maintenir autour
d'eux l'obéissance. Ils laissèrent donc aux peuples
leurs lois, et gardèrent la leur. Le principe de la
personnalité était limité dans son application, aux
barbares qui habitaient la Gaule, et avaient accepté
la domination Franke.

(1) Esp. des lois, ch. II, même livre.

Les Franks seuls ont le droit de porter les armes, d'être témoins, *cojuratores*, ils ont seuls le droit de propriété sur la « *terra salica* », ils ont seuls le droit de siéger dans les assemblées de la nation ; c'est comme en Germanie ; les *Warganei* sont privés de tous droits, quant aux biens, quant à la famille.

Il y avait beaucoup de gens, à cette époque, et avec ces principes, qui n'avaient aucune sécurité ; ils pouvaient être libres, c'est vrai, mais qu'est-ce qu'une liberté, qui peut à chaque instant, et au moindre caprice du plus fort, être ravie à celui qui la possède. Aussi voyons-nous bientôt, s'établir sur une vaste échelle, *les recommandations* qui, sont si bien, du reste, dans les mœurs de tous ces peuples. Autour du riche propriétaire, du guerrier, se groupent les faibles et les petits, demandant aide et protection.

Les vieilles idées de solidarité subsistent. Chlotaire II, par un édit de 595, et Childebert, la même année, recommandent que l'on forme des associations « *centenœ* », qui puissent répondre de ceux qui les composent, et assurer le paiement du *werhgeld*. « Decretum est (1) ut quia in vigilias constitutas nocturnos fures non caperent ;.... centenas fieri. In quá centená aliquid deperierit, capitale qui perdiderat recipiat, et latro insequatur. Vel si in

<hr>

(1) Decretio Chlotarii regis, a. 595 (Rapp. par Lehuërou‘ Inst. Carolingiennes, page 25.)

alterius centenâ appareat, et adhuc admoniti si ne-
glexerint, quinos solidos condemnentur. Capitale
tamen qui perdiderat a centenâ illà recipiat absque
dubio... »

La loi salique renferme la défense faite aux étrangers de s'établir dans un *pagus*, sans la permission
de tous les membres de ce *pagus*. Un seul refuse-
t-il son consentement à l'étranger, cela suffit pour
qu'il ait à quitter le canton. S'il refuse de s'en aller,
on lui signifie, « ut inter decem noctes exinde exeat. »
(Titre 48, § I.)

Nous devons faire remarquer que de bonne heure,
on ne considéra plus comme étranger, celui qui était
en dehors de la fidéjussion, mais celui qui s'étant
établi dans les limites territoriales d'un *pagus*, était
né en dehors de ce *pagus*, ou bien était né de
parents non franks, et dans un pays non frank. Ce
changement eut lieu, quand les tribus, abandonnant
leur vie nomade, se fixèrent au sol, et s'immobili-
sèrent.

Les coutumes les plus inhumaines continuent
d'exister. L'inconnu qui arrivait, était aux yeux de
la loi, réputé « *fugitivus* », et mis à la torture,
comme aux plus mauvais temps de la barbarie, et
malgré le désir qu'avaient les rois, après s'être faits
chrétiens, d'adoucir les mœurs de leurs peuples.
Signalons cependant, la loi des Bavarois qui, rappe-
lant les paroles des Livres Saints, relativement aux
advenæ et aux *peregrini*, condamne les meurtriers,

à une double composition, envers le fisc, et les pro-
ches de la victime ; en l'absence de parents, les pauvres profiteront de la composition.

Charlemagne ne pouvait manquer dans ses Capitulaires de s'occuper des étrangers ; il l'a fait en
effet. Il condamne celui qui mettra à mort un *Warganeus*, à une amende de 600 sols (813) ; il enjoint
à tous, d'accueillir les étrangers, de ne pas les chas-
ser des lieux qu'ils habitent, sous un prétexte futile,
lorsqu'ils ne commettent aucun méfait.

Le nouvel Empereur d'occident s'entoure d'étrangers, (Alcuin, Eginhard, Pierre de Pise, Angilbert)
qui, habitent son palais, et répandent partout, sur
leur passage, le goût des choses de l'esprit. Signalons aussi, sous son règne, l'ordre donné aux *missi
dominici*, de faire chaque année, dans leur *missa-
ticum*, la liste complète de tous les *Warganei* qui s'y
trouvaient. « Quicumque (1) missi nostri ad placitum nostrum venerint, habeant descriptum quanti
adventitii sunt in eorum missatico, et de quale pago
sunt, et nomina eorum, et qui sunt eorum senio-
res »... « Similiter direximus missas in Aquitaniam
et Longobardiam, ut omnes fugitivos et adventitios
ad nostrum placitum adducaut. » On a vu là, le
désir d'assurer aide et protection aux étrangers, en
les faisant connaître aux envoyés impériaux, les

____

(1) Cap. de 806, de 792. (Rapp. par Lehuërou. Institutions Carolingiennes, p. 16.)

redresseurs de torts de l'époque : d'autres ont pensé que c'était le moyen, de faire payer au trésor, par les étrangers, le cens (1) que les comtes se faisaient payer par eux, lorsqu'ils se fixaient sur leurs terres. Je crois que la seconde explication est la meilleure ; elle est plus en harmonie que la première avec les idées de l'époque, et avec le principe, qui s'appuyant sur les idées germaniques relatives au *mundium*, cherchait à se faire jour et à faire considérer les *Warganei* comme appartenant au roi.

Un *præceptum pro Hispanis* de l'année 812 (2) enjoint aux comtes de respecter les réfugiés Espagnols, de leur laisser les terres qu'ils possèdent, de ne leur faire payer aucun *census*.

Charles le Chauve (3) en l'année 844, par un capitulaire reproduit les mêmes dispositions.

Le même Empereur veut qu'on accueille les *Warganei*, qui fuyant les Northmans, viennent se réfugier dans le royaume des Franks (4). « De adventitiis istius terræ, quæ a Northmannis devastata est, constituimus.... ut unusquisque comes..... ipsos advenos....., in illorum comitatibus.... manere per-

----

(1) Sur le cens. (V. Esprit des lois, Livre **XXX**, ch. xiv et xv.)

(2) Baluze, t. I, p. 300.

(3) Baluze, t. 2, p. 27.

(4) Caroli II, Edictum Pistense, a. 864-31. (Rapp. par Lehuërou. Institutions Carolingiennes, p. 17.)

mittant. Illos verò qui propter persecutiones North-
mannorum nuper de istis partibus in illas partes
confugerunt, episcoporum missi cum missis reipublicæ taliter de illis partibus in illas partes venire
faciant, ut non opprimantur, nec aliquis census vel
quæcumque exactio ab illis exigentur. »

Une lettre adressée en l'année 858, par les Evè-
ques, à Louis le Germanique, nous révèle l'existence
d'hospices créés pour les étrangers « peregrinorum
hospitalia. »

Sous les deux premières races, les étrangers n'a-
vaient aucun droit d'épouser en légitime mariage
une Franke; ils n'avaient aucune autorité paternelle;
ils étaient incapables de succéder, de recevoir des
immeubles, parce qu'ils étaient incapables de porter
les armes ; ils étaient également incapables de transmettre. D'après la loi des Lombards, les enfants
légitimes des étrangers pouvaient leur succéder.
S'ils n'avaient pas d'enfants légitimes, ils ne pouvaient faire ni testament, ni donations, ni acte quelconque d'aliénation, sans la volonté et la permission
expresse du roi ; et c'est la loi la plus favorable.

La *charta divisionis regni Francorum* nous sert
aussi à établir de la manière la plus sérieuse et la
plus péremptoire, que déjà à ce moment ces incapacités existaient. Charlemagne en partageant son
Empire entre ses enfants, est obligé de dire, que les
sujets des trois États pourront, comme par le passé,
et malgré la création de royaumes distincts, se suc-

céder et se transmettre. « N'est-il pas évident, d'après cela, dit M. Demangeat (1), que par le droit commun de cette époque, pour pouvoir recueillir ou transmettre une succession, il fallait que le *de sujus* et l'héritier, fussent sujets du même prince. » Il y a une exception à cette règle, relativement aux fiefs, dans la *charta*, et dans des capitulaires de Louis le Débonnaire de 817 et de 837. La transmission des fiefs, et la concession aux fiefs, ne pourront exister, qu'entre seigneurs du même pays.

SECTION II.

Les aubains à l'époque féodale.

INTRODUCTION.

DE LA SOCIÉTÉ FÉODALE.

Pour bien comprendre la situation des étrangers dans cette période, il importe de dire quelques mots, de la nouvelle société que nous voyons commencer vers le xe siècle. Après que nous aurons assisté à

(1) Hist. de la condition civile des étrangers, p. 52.

son organisation, étudié les éléments dont elle se compose, nous pourrons plus facilement nous rendre compte de la situation des anciens *Warganei* qui vont prendre désormais le nom *d'aubains*.

La féodalité, si nous la considérons au ix° et au x° siècle, *n'est autre chose, que la réunion ou la confusion de la propriété et de la souveraineté*. Chaque *seigneur* (*senior*), sur le territoire qui lui appartenait, agissait en maître, et ne reconnaissait aucun chef. Il ne se croyait obligé à la soumission envers personne.

Plus tard, au xii° siècle et surtout au xiii°, les relations féodales s'organisent, une succession régulière de pouvoir s'établit, descend d'une ligne fixe, depuis le *Roi* chef de l'Etat, jusqu'au dernier vassal. Alors dans ces conditions nouvelles la féodalité doit se définir : *confédération de petits souverains inégaux entre eux, ayant des droits et des devoirs réciproques, et dépendant tous, à des degrés différents, d'un chef commun et unique, qui porte le titre de Roi ou d'Empereur.*

On peut dire, que la féodalité commença à marcher vers son établissement, depuis l'arrivée des Barbares dans l'Empire Romain (1). Nous voyons, en effet, à toutes les époques, les propriétaires, cher-

(1) V. à ce sujet A. Thierry. (Hist. du tiers Etat) Lehuërou, Ozanam et autres, qui font sur les origines de la féodalité, des remarques très-judicieuses.

cher à gouverner souverainement leur propriété, les bénéficiers ayant le même désir, et voulant transmettre leurs bénéfices à leurs héritiers ; enfin les officiers royaux, ducs, comtes etc., exerçant les droits royaux au nom du prince, et cherchant, comme les bénéficiers, à transmettre leurs fonctions à leurs enfants. Si le Roi est puissant et capable, il maintient son pouvoir, et empêche l'établissement de l'indépendance féodale. Tel Clovis, Brunehaut au nom de ses enfants, Dagobert le Grand, Ebroïn au nom des rois dont il était le maire du Palais, Pépin d'Héristal, Charles Martel, Pépin le Bref, Charlemagne. Si, au contraire, le prince est faible et incapable, la féodalité progresse. Nous pouvons remarquer comme étape le traité d'Andelot (587), sous Gontran et Childebert II ; le concile ou assemblée nationale de Paris (615), sous Lothaire II ; la bataille de Testry (687) qui semble d'abord devoir tourner au profit de l'aristocratie austrasienne ; après un long intervalle, les concessions inopportunes de Louis le Débonnaire, et les Capitulaires de Charles le Chauve, tranchent la question en faveur de la féodalité. Sous ce dernier règne, en effet, la classe des simples hommes libres, propriétaires d'alleux, disparut, par suite de la recommandation (847), et se transforma en classe de vassaux. Les bénéfices devinrent héréditaires, ainsi que les offices royaux, ordinairement confiés aux grands bénéficiers d'un même territoire. (Edit de Kiersy-sur-Oise, 877). De là, les seigneurs ayant des hommes et des terres par la recommandation, ayant aussi des hommes et des terres comme bénéficiers, eurent, en outre, comme officiers royaux, le pouvoir d'exercer les droits régaliens ; le pays, dès lors, est divisé en une quantité de petits Etats, et le morcellement s'étend à l'infini.

Désormais, nous ne rencontrons plus de Franks, de Gallo-Romains, de Burgundes, etc., mais des seigneurs, des vassaux et des serfs. Les hommes libres obligés par nécessité, *d'avouer* un seigneur, tombent, peu à peu, dans la classe des serfs, et s'abaissent, tandis qu'à la suite de la transformation de l'esclavage en servage, sous l'influence de l'Église, les esclaves font un pas en avant dans l'échelle sociale, et cessent d'être *ces choses* qu'avaient connues les anciens Romains et les Barbares qui leur avaient succédé.

Les étrangers sont, dans la classe des serfs, ou dans une situation qui s'en rapproche beaucoup, et cela surtout dans le Nord de la France ; dans le Midi, ils continuent à être considérés comme les pérégrins, sous les Gallo-Romains.

Ils ont, comme nous l'indiquions tout à l'heure, changé de nom ; en 820, pour la première fois, dans une charte de Louis le Débonnaire, on les appelle « *albani* », *aubains* ; plus tard, on les désignera aussi sous le nom « *d'épaves* ». « Aubains, sont hommes et femmes qui sont naiz en ville dehors le Royaume, si prochain que lon peut cognoistre les noms et nativitez de tels hommes et femmes. Et quand ils sont venus demeurer au Royaume, ils sont proprement appellez aubeins et non espaves. »

« Espaves sont hommes et femmes naiz dehors le Royaume, de si loingtains lieux, que l'on n'en peut au Royaume avoir cognoissance de leurs nativitez. Et quand ils sont demeurans au Royaume, si peuvent être dicts espaves » (1).

« Item tous aubeins sont personnes qui ne sçavent dont ils sont nais, ne dont ils sont extraicts; comme on pourrait dire, enfans nouveau nasquis et gaignez par aucunes jeunes femmes désirans être célées : et pour ce les font mettre aux huys d'aucunes églises avec du sel, en signifiant qu'ils ne sont pas batisez: ou autres enfans apportez d'estranges pays, comme enfans prins en guerres si jeunes qu'ils ne sçavent dire dont ils sont, ne les noms de père et mère ou aucuns enfans légitimez descendus de bastards ou Espaves, desquels le Roi est héritier du tout quand ils trespassent, s'ils n'ont enfans légitimez : mais iceux enfans légitimez peuvent testamenter à leur plaisir et c'est ce qu'on dit aubeins » (2).

(1) Bacquet (du droict d'aubeine), chap. III, §§ 18 et 19. « Extraict des registres de la Chambre des Comptes en vertu de la Requeste présentée à ladite Chambre par le Procureur général du Roi en icelle, le dix-neufviesme novembre, l'an mil-cinq-cents soixante et un. »

(2) Bacquet (du droict d'aubeine), ch. III, § 13.

On a beaucoup discuté sur l'origine du mot *aubain*. Plusieurs admettent que le mot d'*aubain* vient de *alibi natus* (*Loysel*, *Institutes coustumières*, édition de 1665, règle *XLVIII*; de *Ferrières* (*nouvelle Introduction à la Pratique*, page 104 v° *aubain*, tome I*er*). Je ne le pense pas, pour ma part, en raison du texte que je viens de citer. Dirons-nous avec Sappey (*condition des étrangers*), que le mot d'*aubain*, *albanus*, vient de ce que les étrangers étaient portés sur un *album*, pas davantage. Sur quoi, en effet, s'appuie l'inventeur de cette opinion, et où trouve-t-il l'existence de cet album destiné à recevoir le nom des aubains?

A l'époque où nous sommes arrivés, et cela résulte de textes connus, les Ecossais venaient en grand nombre en France, ils étaient essentiellement voyageurs, c'était pour eux un besoin de quitter leur pays (*Albidia*, *Grande-Bretagne*); cette affluence, sur notre sol d'*Albini*, d'*Albanici*, fut cause qu'on s'habitua à appeler tous les étrangers du nom d'*aubains*. C'est ainsi qu'on appelle encore en Asie, du nom de *Franks*, tous les étrangers venus d'Europe, à cause du grand rôle joué par nos ancêtres dans ce pays. Il n'y a aucune difficulté, quant au nom « *d'Espave* », il vient du latin « *expavescere* ». « Espaves (1), sont bêtes égarées dont on ignore le

(1) De Ferrières. Introd. à la pratique, t. I, p. 582, V° **Espaves**.

maître, personne ne les réclamant, *quasi expave-facta animalia* », dit le vieux de Ferrières, et la coutume de Vermandois (1), dit aussi: « Et espaves s'entendent bêtes égarées qui ne sont advouées par aucun seigneur. »

Cela dit, et maintenant que nous savons ce qu'il faut entendre par *aubain* et *espave*, abordons l'étude de leur condition sous le régime féodal. Comme il n'y a aucun intérêt au point de vue pratique à distinguer *l'aubain* de *l'espave*, nous ne nous y arrêterons pas ; mais il importe de signaler deux classes d'aubains, et de savoir ce qu'il faut entendre par *aubains improprement dits et aubains proprement dits.*

1° AUBAINS IMPROPREMENT DITS.

On appelait de ce nom, celui qui quittait la seigneurie qu'il habitait, pour aller dans une autre seigneurie ; pour l'Église, c'était celui qui quittait son diocèse ou sa *crème* pour aller dans un autre diocèse ou *crème.*

Des habitants de la France pouvaient ainsi être considérés comme des étrangers en France, et nous allons voir que les seigneurs y avaient intérêt.

Nous dirons en quelques mots ce qu'était la con-

(1) Coutume de Vermandois (ar. 111), édition de 1683 avec notes de Claude de la Fons, advocat en Parlement.

dition des serfs, parce que les étrangers leur étaient assimilés.

Mazuer nous dit que les serfs étaient des *immeubles par destination*, attachés au sol, et destinés à y rester à perpétuelle demeure, à moins que le seigneur ne les vendît comme cela était son droit. Ils pouvaient se marier entre eux, pourvu qu'ils fussent sous la domination du même seigneur; s'ils se mariaient, appartenant à deux seigneurs différents, et sans autorisation, leur mariage était nul; plus tard, sous l'influence de l'Eglise, on n'annulait plus le mariage, mais une amende devait être payée au seigneur; *ils sont taillables et corvéables à mercy et miséricorde;* ils ne peuvent contracter sans l'agrément de leur seigneur; ils ne peuvent, sans autorisation, appeler devant les tribunaux, une personne de condition franche (1).

(1) « Les serfs et gens mortaillables et de poursuite dans quelques-unes de nos coutumes, ne sont point des esclaves, mais venant de ces anciens esclaves affranchis sous certaines conditions, qui ne laissent pas d'être très-rudes et très-onéreuses. — Ces serfs ou gens conditionnez sont sujets à différents droits et devoirs selon la diversité de nos coutumes; les uns sont mortaillables, les uns de poursuite, d'autres taillables à volonté ou abonnez. — Ne peuvent transférer leur domicile hors la terre de leur seigneur; autrement ils sont réputez fugitifs, et peuvent estre poursuivis et réclamez partout où ils se trouvent, sans qu'ils puissent se défendre par la prescription : et peut le seigneur du jour de leur retraite s'emparer de leurs biens. — Ne peut l'homme de condition servile prendre femme franche, ou d'autre justice sans le

Le serf qui quittait sa seigneurie, pouvait être revendiqué par le seigneur qu'il abandonnait. Si le droit de poursuite n'était pas exercé, il fallait que le nouveau venu, reconnaisse le seigneur sur la terre duquel il était arrivé. Celui qui changeait ainsi de seigneurie était *aubain* et soumis *au droit d'aubainage*. Laissait-il passer un an et jour sans *advouer*, le seigneur avait droit de s'emparer de tout ce qu'il possédait; désormais il ne lui était plus loisible de faire choix d'un seigneur nouveau. Il était obligé par son testament de léguer *quatre deniers*, sinon, et malgré la présence d'héritiers, le seigneur prenait les meubles (1). En cela

consentement de son seigneur, sur peine du droit de formariage », etc. (Nouvelles institutions coutumières de M. de Ferrières, advocat au Parlement et docteur aggrégé dans la faculté de droit de Paris. Liv. I, titre I, des serfs et mortaillables, articles 2, 3, 6, 8).

(1) « Se aucuns hons estrange vient ester en aucune chastellenie de aucun baron, et il ne fasse sainnieur dedans l'an et le jour il en sera esploitable au baron. *Et se avanture estoit qu'il morust et il n'eust commandé à rendre* IV *deniers au baron tuit se müebles seraient au baron.* » Etabl. de St. Louis, liv. I § 87. — V. aussi l'ancienne coutume glosée d'Anjou, art. 860. Et aussi la coutume de Saint-Cyran. « Par ladite coustume le droit d'aubenage se prend par ledit seigneur de Saint-Cyran, et en chascune juridiction dépendante de ladite chastellenie, tel qu'il est introduit par ladite coutume, si le décédant n'est du *crème* de Bourges, pour ce que ladite chastellenie est en la spiritualité de Berry et en la temporalité de Touraine. » — Et encore la coutume de Loudunois, art. 5. « Quand aucuns forains qui ne sont du diocèse

la position de *l'aubain* était inférieure à celle du serf.

Rappelons aussi que pour plaider devant une justice seigneuriale autre que la sienne il faut *fournir pléges*. C'est ce que nous dit Beaumanoir, dans son vieux langage, au chapitre 43 § 52, de la coutume de Beauvoisis. « Quant aucuns plede en le cort d'aucun seigneur, auquel il n'est *ne hons ne ostes*, il doit *livrer pléges d'estre à droit* et qu'il ne travaillera pas celi à qui il veut pledier en cort de crestienté ; et li pleges doivent estre tel que li sires, en qui cor li ples est les puist justicier. »

C'est ainsi qu'étaient traités des Français sur le sol même de la France, à l'époque où la féodalité était toute puissante, et où chaque seigneur dans ses domaines prétendait être un véritable roi. Mais, bientôt les rois reprirent peu à peu leur puissance, et réformèrent les abus : bientôt il fut décidé que pour être soumis au *droit d'aubainage*, il faudrait aller d'une baronnie dans une autre (Liv. I § 87. Et. de Saint-Louis.) et non plus seulement d'une

décédent en sa justice, le seigneur a droit d'avoir l'aubenage ; c'est à savoir *une bourse neufve et quatre deniers dedans* ; et doit être payé ledit aubenage au seigneur, son receveur, ou en son absence à autre son officier, avant que le corps du décédé soit mis hors de la maison où il est trépassé ; et en défaut de payer ledit aubenage, ledit seigneur peut prendre et lever soixante sols d'amende sur les héritiers et biens dudit défunt, ensemble son dit aubenage. » V. encore la coustume de Touraine, art. 43.

seigneurie dans une autre seigneurie. Louis VII rappelle en l'année 1145, dans une charte, la permission donnée, par son père, aux aubains de venir dans ses domaines, et de les quitter, sans crainte pour leurs personnes, ou leurs biens, quand bien même, leur seigneur serait en guerre avec lui. La royauté prit en mains, la cause de ces aubains, et quand elle eut arraché aux grands feudataires, ce qu'ils appelaient leurs droits et prérogatives, vers le règne de Philippe le Bel, grâce à son prestige, et aux arguments de ses légistes, on finit par ne plus comprendre comment des Français pouvaient être des étrangers en France.

Il est une autre cause qui contribua puissamment à la disparition de cette classe *d'aubains*, je veux dire l'établissement des communes; entre les seigneurs et les serfs, on vit peu à peu apparaître une classe d'hommes qui n'existait plus depuis longtemps, et qui se reconstitua enfin, revendiquant pour elle, la liberté, le respect de la foi jurée, et protestant avec énergie contre les idées féodales. « La bourgeoisie (1), nation nouvelle dont les mœurs sont l'égalité civile et l'indépendance dans le travail, s'élève entre la noblesse et le servage, et détruit pour jamais la dualité sociale des premiers temps féodaux. Ses instincts novateurs, son activité, les capitaux qu'elle accumule, sont une force qui

(1) Aug. Thiérry, Hist. du Tiers-État, page 21.

réagit de mille manières contre la puissance des possesseurs du sol, et, comme aux origines de toute civilisation, le mouvement recommence par la vie urbaine. » Les chartes de l'époque, suppriment *le droit d'aubainage*; le *non juré*, d'après quelques-unes, qui a habité pendant *l'an et jour* dans la commune, devient *bourgeois ou juré*.

Quant à l'obligation de *livrer pléges*, dont parle Beaumanoir, il faudra attendre jusqu'en l'année 1569, pour la voir disparaître, tant sont difficiles à désarmer les préjugés consacrés (1) par le temps.

2° AUBAINS PROPREMENT DITS.

C'est à ces *aubains* que peut s'appliquer la défini-tion donnée par Loysel (2). « Aubains sont estran-gers qui sont venus s'habituer en ce royaume, ou qui en estant natifs s'en sont volontairement estrangez. »

Les *aubains* de cette classe comme ceux de la première, à l'origine, étaient complétement assimilés aux serfs ; il est impossible d'en douter en présence des textes des coutumes. Citons notamment la vieille

---

(1) A chaque instant dans les lois Barbares il est question de *pléges* ou *cautions* à fournir, au criminel comme au civil, cet usage remonte aux temps les plus reculés chez les Germains, qui l'ont apporté avec eux.

(2) Institutes coustumières, édition de 1665, page 23. Règle XLVIII.

coutume de Champagne (1), dans laquelle nous lisons le passage suivant : « Quand aucuns Albins vient demeurer dans la justice d'aucuns seigneurs, et si li Sires dessous qui il vient ne prend le service dedans l'an et jour, si les gens du roy le savent, ils en prennent le service et *est acquis au roy* » ; et aussi la coutume de Châteauneuf : « Si aucun aubain, autrement appelé un advenu, est demeurant par an et jour, dedans ladite châtellenie sans faire adveu de bourgeoisie *il est acquis serf* au dit seigneur. »

Jusqu'à quelle époque les aubains furent-ils serfs (2) ? Il me paraît impossible de le préciser, et de dire qu'ils sont devenus libres à telle ou telle date déterminée. Ce ne fut qu'à la suite d'un pro-

(1) Elle est du xiiie siècle.

(2) Notons en passant sur l'abolition du servage, en Allemagne, en faveur des aubains la Constitution de Frédéric II. (Corpus juris. Edition Galisset, page 1260) « Omnes peregrini et advenæ liberè hospitentur ubi voluerint : et hospitati, si testari voluerint, de rebus suis ordinandi liberam habeant facultatem : quorum ordinatio inconcussa servetur. Si qui verò intestati decesserint, ad hospitem nihil veniat : sed bona ipsorum per manum Episcopi loci tradantur heredibus, si fieri potest, vel in pias causas erogentur. Hospes verò, si de bonis talium aliquid contrà hanc nostram constitutionem habuerit, triplum Episcopo restituat, cui visum fuerit assignandum, non obstante statuto aliquo seu consuetudine seu privilegiis, hacquæ tenus contrarium inducebant. Si qui autem contrà præsumpserint eis, de rebus suis, testandi intérdicimus facultatem, ut in exigerit puniantur in quo deliquerent alias præò ut culpæ qualitas puniendis. »

C   7

grès lent, et à mesure que les idées nées sur le sol de la Germanie finirent par se modifier, que leur condition se modifia à son tour, sous l'influence de plusieurs causes qu'il me paraît important de résumer.

Et d'abord la royauté, comme nous l'indiquions tout à l'heure, pour les *aubains* de la première classe, après être sortie d'une longue humiliation, remonte un à un les degrés de l'échelle, et s'élève puissante et forte sur les ruines de la féodalité : elle s'impose aux seigneurs qui, jusqu'alors, avaient traités avec elle sur le pied d'égalité, et s'appuyant sur les faibles pour les tirer de la servitude, remettant en honneur la maxime qui fait considérer le roi comme le défenseur, le protecteur des étrangers, affranchissant ses serfs, elle arrive, soit par les armes, soit par la persuasion, soit par l'habileté et les arguties de ces nouveaux jurisconsultes, à obliger ses barons à reconnaître *que l'étranger, qui à son arrivée sur notre sol advouait le roi, devenait, ipso facto, son home, et ne pouvait plus être revendiqué par aucun autre.* C'était un grand pas en avant ; la royauté voulut aller plus loin encore, et imposer aux seigneurs, la reconnaissance d'un second principe qui devait les abattre d'une manière défini- tive, en anéantissant leurs prétentions séculaires, principe en vertu duquel : *les aubains ne peuvent plus désormais advouer pour seigneur un autre que le Roi.* Le vieux Dumoulin, prit en main la cause de la féodalité, et employa toute l'énergie de son argumentation, toute la vigueur de son style, pour faire échec aux prétentions nouvelles ; il eut pour adversaire, un partisan convaincu du bien fondé des idées royales, Bacquet, qui cherche à établir dans *son traicté sur le droict d'Aubeine* (1)· « qu'au roy seul appartient le droict d'aubeine, *comme estant un des fleurons de sa couronne*, et que le roy s'est reservé ce droict, comme souverain, régal et honorifique sur tous les pairs, ducs, barons. »

Les rois vainqueurs, avaient été mus par une prétendue générosité : à vrai dire, ils avaient surtout en vue, en prenant ainsi les étrangers sous leur protection exclusive, de toucher les sommes produites par les droits de toute sorte qui pesaient sur les *aubains*, et que jusqu'ici ils avaient été obligés de partager avec les seigneurs. Toutefois, la condition des *aubains* s'est sensiblement améliorée, le servage ne subsiste plus, quand on arrive au XIVe siècle. Nous en trouvons encore des traces dans *la coutume d'Anjou glosée*, et dans *les Etablissements de Saint-Louis* (2). « Se gentilhons à hons mesconneu en sa terre, se *il servoit le gentilhons* et il morust, le gentilhons aurait la moitié de ces meubles ; et se il muert sans hoir et sans lignage, toutes ses choses seront au gentilhons.... »

(1) Première partie, ch. IV, § 2.
(2) Liv. I, ch. 96, de home mescreu de son seigneur.

Comme causes accessoires de la disparition du servage, il faut signaler l'établissement des communes, et aussi les Croisades qui, réunissant sur le même champ de bataille, des peuples différents, conduits par la même pensée, firent tomber les barrières que la Barbarie avait élevées entre eux.

Étudions maintenant les droits qui pèsent sur l'aubain même après qu'il n'est plus assujetti à la servitude de corps.

1° DROIT DE CHEVAGE.

Le chevage est (1) « un droit de douze deniers parisis, qui se paye, sous peine d'amende, tous les ans au roy, en quelques provinces, par les bâtards et *aubains* mariez, qui s'y sont établis ; ce droit s'appelle *chevage*, parce que chaque chef marié ou veuf, le doit, au cas qu'il soit bâtard ou *aubain*. »

C'est le même droit dont nous parle Beaumanoir, lorsqu'il dit : « lors cens et *tor cavages* tex comme ils ont accoustumé », et aussi plusieurs documents du ixe siècle où il est question de *census foralicus*. Il en est également question dans une charte rapportée par Ducange (v° *albani*) et dans une autre d'un évêque de Toul, du nom de Udon.

---

(1) De Ferrières. Nouvelle introduction à la pratique, tome I, page 279. V. aussi Denizart. (v° chevage.)

Bacquet (1) nous dit à ce sujet dans son vieux langage : « mais ils doivent chacun an chacune personne desdites conditions, douze deniers parisis au jour Sainct Remy, sur la peine de sept sols six deniers parisis d'amende, comme dit est, réservé à Soissons. En aucun lieux, ils ne payent pas tant, recours à l'usage. Et aussi où les tournois ont cours, l'on y paye à tournois. Et ce paye.' ces douzaines audit receveur de Vermandois, afin que par ce ledit collecteur puisse estre contreroollé des formariages qu'il recevra. Et est ce qu'on dit *chevages* de chaire ou premier article. »

Le roi et les seigneurs percevaient le droit de chevage sur les aubains.

2° DROIT DE FORMARIAGE.

« C'est (2) le droit ou l'amende que l'homme de condition servile doit à son seigneur dans quelques coutumes, lorsque, sans son consentement, il s'est marié à une femme franche, ou d'autre condition et justice que de la servitude, justice et seigneurie dont il est. »

Ainsi les aubains pouvaient sans difficulté épouser des femmes de même condition qu'eux, habitant

(1) Droict d'aubeine, ch. III, § 12.
(2) De Ferrières. Nouvelle Introduction à la Pratique, tome I, page 650.

sur le même territoire ; ils ne s'exposaient à aucune peine pécuniaire, ils pouvaient se passer de l'autorisation du seigneur. Mais si au contraire *ils forlignaient,* ou si encore ils voulaient *se marier à une personne serve n'habitant pas la même seigneurie qu'eux,* et s'ils négligeaient au préalable de demander permission à leur seigneur, ils payaient les droits de *formariage.* Le fait seul d'avoir *forligné* même avec autorisation suffisait pour que le droit fût payé. On trouvait cela tout naturel « (1) *car cil qui se formarient, il convient qu'ils finent à le volenté de lor signeurs.* » Nous lisons dans Bacquet (2) « Item nuls Bastars, Espaves, Aubeins, ne Manumis, ne se peuvent marier à personne autre que de leur condition, sans le congé du Roy nostredit seigneur ou ses officiers, qu'ils ne soient tenus de payer soixante sols parisis d'amende, lesquelles amendes ont été souvent supportées pour la pauvreté du peuple, veu les guerres et stérilité du pays. Et quand ils demandent congé, ils se montrent obéissants au Roy, comme ses personnes liges, et nul n'en doit estre esconduit. Et en ce faisant ils eschevent l'amende. Mais ce nonobstant ils doivent *formariages,* d'avoir prins partie, qui n'est pas de condition pareille à eux. Lequel *formariage* l'on estime à la moictié des

(1) Beaumanoir, coutume de Beauvoisis, ch. 45.

(2) Droict d'aubeine, ch. iii, § 10.

biens en la prévosté de Ribemont (1), et en celle de Saint-Quentin semblablement à la moitié, à Péronne au tiers, et à Soissons au tiers, et ès autres lieux dudit bailliage selon l'usage des lieux : et est ce qu'on dit et appelle *formariage*.

Tel est ce deuxième droit qui pesait sur les aubains. Avant de passer au droit d'aubaine, nous pouvons indiquer quelques coutumes, qui l'ont fait disparaître. Ainsi par exemple, la coutume de l'Évêché de Metz : « En l'Évêché de Metz, qui d'ancienneté est dit le Franc-Évêché, les personnes sont censées de condition libre, jusqu'à ce ʼil appert du contraire. » ʻ« La servile condition la main morte, le formariage et tous autres droits de cette nature, sont des restes du Paganisme ou de la Barbarie des anciens temps. Il était donc juste qu'ils fussent abolis par les anciens Évêques de Metz, qui ont gouverné l'Etat temporel de leur Evêché, avec autant de sagesse que de clémence ; c'est pour cela qu'il est dit dans cet article, que dans l'Évêché, qui *d'ancienneté est dit le Franc-Évêché, les personnes sont censées de condition libre (2)* ».

(1) Les coutumes de Ribémont et de Sainct-Quentin sont à la suite de la coutume générale de Vermandois, dans l'édition de Mᵉ Claude de la Fons, avocat en parlement. (Metz, 1688.)

(2) Coutume de l'Évêché de Metz, art. 1 et note du commentateur M. Dilanges, conseiller au parlement de cette ville (1772), pages 3 et 4.

D'après la coutume de Bar (1), ce droit est aboli. « Les droits de forfuiance et de formariage, étant contre la liberté naturelle, et ressentant l'esclavage, sont aujourd'hui mal reçus par les Cours Souveraines. Il y a arrêt rendu en 1698, contre le seigneur de Mognéville, au profit des habitants du même lieu, que la cour a déchargez de pareils droits. » Et aussi d'après la coutume de Châlons (2) « Bastards et aulbains se peuvent marier sans encourir les peines de formariage. »

Le droit de *formariage* a dû subsister assez longtemps, et comme le droit de *chevage* il a du survivre à l'abolition du servage, allant chaque jour en s'affaiblissant. Il cessa de frapper les *aubains* vers le XVIe siècle, on finit enfin par comprendre tout l'odieux de semblables prétentions. « (3) La raison a un empire naturel ; elle a même un empire tyrannique ; on lui résiste, mais cette résistance est son triomphe ; encore un peu de temps, et l'on sera forcé de revenir à elle. »

Si les droits dont nous parlons furent abolis en principe, en fait, et jusqu'au temps de Louis XIV, les rois ne se firent pas faute d'accabler les *aubains,*

(1) Coutume de Bar (page 400), annotée par le Sieur Jean Le Paige l'aîné Escuyer, conseiller de Son Altesse Royale et maître des comptes de Barrois.

(2) V. cette coutume, article 16.

(3) Montesquieu. Esprit des Lois, Livre XXVIII, chap. XXXVIII.

de taxes de toute nature, soit pendant les guerres qu'ils avaient à soutenir, soit pendant la paix, alors que leurs finances étaient en mauvais état. En 1697, pour couvrir d'un semblant de légalité, des actes d'un arbitraire révoltant, le Grand Roi osera prétendre encore à l'existence des droits de *chevage* et de *formariage*.

3° DROIT D'AUBAINE, OU D'ESCHEOITE.

Le mot d'aubaine a plusieurs sens qu'il me paraît utile d'indiquer. *Strictissimo sensu*, on entend par *aubaine*, le droit en raison duquel le Roi venait prendre la succession de l'aubain à cause de son incapacité de transmettre. *Latissimo sensu*, on entend par *aubaine*, l'ensemble des règles de droit applicables aux *aubains*, d'après notre droit français. Enfin dans un troisième sens on entend par *aubaine*, l'incapacité pour l'étranger de succéder et de transmettre *ab intestat* ou par testament, soit à ses parents, soit à toutes autres personnes.

Cette double incapacité de succéder et de transmettre qui vient frapper l'aubain, remonte aux temps les plus reculés. On la connaissait déjà chez les Germains, où le *Warganeus* ne pouvait prétendre à l'*arimannia* qui, chaque année, était partagée entre les *rachimburgii*. Plus tard, l'étranger fut encore exclu de *la terra Salica*. Enfin, quand le grand Empire fondé par Charlemagne eût disparu,

quand la France, sous le régime féodal se fut mor-
celée en une infinité de petites seigneuries, quand
les aubains furent considérés comme des serfs,
quand il fut admis, en principe, que le seigneur,
comme le *dominus*, chez les Romains, pour l'esclave,
est propriétaire de tout ce que le serf possède, la
double incapacité dont nous nous occupons en ce
moment continua d'exister. « Ce droit, dit de Ferrières (1), paraît provenir des servitudes personnelles
et autres droits seigneuriaux, auxquels les seigneurs
ont de tout temps donné le plus d'extension qu'ils
ont pû. Vers le commencement de la troisième race
de nos Rois, les seigneurs, dans plusieurs provinces,
ravirent la liberté à leurs sujets, et même aux
aubains qui venaient établir leurs demeures dans
leurs terres et leurs justices, comme nous avons dit
sur le mot d'aubaine, de manière qu'ils leur suc-
cédaient comme à leurs serfs et main-mortables.
Ce qui fait voir que ce droit d'aubaine était dans
ces Provinces une suite des servitudes personnelles........ Mais parce que ce droit était considérable, nos Rois jugèrent à propos de l'unir à leur
couronne. Ce qui était d'autant plus juste, qu'il
n'y a en France que le Roy qui puisse accorder
des lettres de naturalité. Pour faire de ce droit
d'aubaine un droit royal, ils ordonnèrent à leurs
officiers dans les Provinces de servitude person-

(1) Introd.. à la Pratique, t. I, p. 527. Droit d'aubaine.

nelle, de prendre le service des aubains domici-
liez dans les terres des seigneurs, lorsque les aubains
y auraient demeuré pendant l'espace d'un an et d'un
jour, sans que les seigneurs en eussent pris le service. Ils déclarèrent ensuite que tous les aubains et
leurs successions, quand ils seraient décédéz sans
héritiers convenables, leur appartiendroient à l'exclusion des seigneurs. Enfin, après avoir rendu le
droit d'aubaine général dans toute l'étendue de leur
Royaume, et en avoir exclu tous les Seigneurs, ils
en ont fait un droit purement Royal, qui ne peut
jamais appartenir qu'au Roy. » Dans cette malheu-
reuse période d'anarchie féodale, pendant laquelle
les aubains eurent le plus à souffrir, il y avait certaines provinces où leurs enfants eux-mêmes étaient
exclus par l'avarice et la rapacité des Seigneurs.
Bientôt cependant, et probablement à l'instant où
les aubains cessèrent, pour devenir libres, d'être
assujétis à la servitude de corps, il leur fut permis
de transmettre leur succéssion à leurs héritiers légitimes, *aux hoirs procrées de leur corps*, et bientôt
on dira dans les coutumes : « (1) Ils n'ont point
d'héritiers *ab intestat* hors leurs enfants nez dans le
Royaume, ou autres parents regnicoles, ou naturalisez : Sinon le fisc est leur successeur, au préjudice
duquel ils ne peuvent disposer de leurs biens par

(1) Nouvelle institution coutumière, article 9 (par M.
Claude de Ferrières). V. Dumoulin (note sur l'article 4e de
la coutume de Melun),

aucune disposition de dernière volonté. » — « Mais (art. 10) leurs parents regnicoles sont préférez à ceux qui sont naturalisez, quoiqu'en degré plus éloigné. » On arriva à permettre à l'aubain de *tester* jusqu'à concurrence de 5 *sols* « aubains (1) ne peuvent succéder ni tester que jusqu'à 5 sols, et pour le remède de leurs âmes. » Cela était utile, car si l'on ne faisait pas de libéralité envers l'Eglise on pourrait être *déconfé* ou *excommunié*. En dehors des cinq sols, le testament qu'aurait fait l'aubain, eût été complétement nul. J'admettrais cependant avec MM. Demangeat (2) et Bourjon « qu'il n'était point frappé d'une nullité telle qu'il ne fut très-susceptible de s'exécuter sur les biens de l'aubain *situés en son pays*, lorsque d'ailleurs, ce testament était revêtu des formalités requises et conforme à la vieille maxime « *locus regit actum.* »

Du texte de Loysel que nous venons de citer, il résulte que jamais l'aubain n'est susceptible de recueillir une succession.

Ainsi donc, en principe, les aubains sont frappés de l'incapacité de succéder et de transmettre ; voyons maintenant les exceptions à ce principe :

1° L'exemption du droit d'aubaine est accordée à certaines parties de territoire ; ainsi ce droit est

(1) Loysel, Institutes coutumières, page 23, Règle XLIX.
(2) Histoire de la cond. civ. des étrangers, page 3, et Bourjon, Droit commun de la France, titre I, chap. I.

inconnu dans les pays de droit écrit. Si l'on en croit de Laurière, cela tiendrait à ce que la constitution de Frédéric II dont nous avons parlé plus haut, et que le roi Louis X voulut rendre applicable à la France, aurait été acceptée dans ces provinces. Plus tard, les rois voulurent faire cesser cet état de choses, mais les parlements protestèrent, et les Français du Languedoc les soutinrent dans l'intérêt de leur commerce, et Louis XI fut obligé de céder : « (1) Tout estranger venant habiter à Tholose, et vivant chres-tiennement et catholiquement est réputé estre appelé comme de la grâce de Dieu, et peut disposer librement de ses biens au profit de qui lui plaira, sans pouvoir estre retiré ni empêché de ce faire par le droict d'aubayne practiqué en France, et qui n'a lieu au Languedoc, et moins en ladite ville de Tholose. » Ses successeurs voulurent prétendre qu'ils n'étaient pas liés, par ces concessions, mais, en 1484, Charles VIII s'engage à reconnaître à per-pétuité, l'inexistence du droit d'aubaine dans le midi, la Guyenne, la Provence, le Dauphiné.

Dans le nord, l'Artois n'était pas soumis à l'aubaine; ni Châlons-sur-Saône depuis 1567; ni Calais depuis 1599, à l'exception cependant des Anglais qui y habitaient, et en raison des luttes conti-nuelles qui existaient entre les deux pays; ni le

(1) Maynard. Notables et singulières questions du droict escrit.

pays de Cambray (lettres du 22 décembre 1584). Les habitants d'Avignon « (1) par priviléges à eux octroyés par les rois de France, même par lettres patentes du roi Louis douzième, du huictième may mil quatre cent soixante et dix-neuf, sont déclarez naturels regnicoles. » Citons encore, Dunkerque (1662), Longwy (1684), Metz (1689) (2), Toul et Verdun (1551).

(1) Bacquet, chap. VII, § 14.

(2) *Les Lorrains étaient considérés comme aubains en France*, « mesme ceux qui sont naiz au duché de Lorraine, et autres seigneuries circonvoisines, ne recognoissant le roy de France, sont aubains. Car combien que le duché de Lorraine ait anciennement esté de la couronne de France, comme il est notoire par les chroniques et annales, et pour avoir esté baillé à un des enfants de France. Toutefois les Lorrains s'étant mis hors l'obéissance du roy de France, et attribué la souveraineté, sans aucunement recognoistre le Roy, justement ils sont appelez aubains. Tellement que décédant en France leurs biens appartiennent au Roy par droict d'aubaine. Ainsi qu'il fut plaidé le vingtième février mil cinq cent cinquante-trois : entre le baron de Fontenay et la dame du Perroy, respectivement donataires des biens d'un Lorrain : et qui a esté jugé en la Chambre du Trésor, en l'an mil cinq cent soixante et treize, pour les biens de deffunct messire Hector de Ligneville, en son vivant abbé de Saint-Sauveur en Laudesme, décédé ès faux-bourgs Saint-Victor. Aussi feu Bertignon en son vivant Procureur au Parlement, natif de Lorraine, obtint lettres de naturalité. Pareillement maistre Nicolas Vuillot, principal du collége de Lamarche, natif de Lorraine, obtint lettres de naturalité du Roy, vérifiées en la Chambre des comptes, et décéda au mois de may mil cinq cent quatre-vingt-treize. Aussi le François n'estant admis à succéder à ses parens demeurant en Lorraine (comme chacun sçait) il n'est raisonnable que le Lorrain succède en France :

2° Nous venons d'indiquer les exceptions accordés à des territoires ; passons à celles accordées à des personnes déterminées, dans un intérêt politique, commercial, militaire, religieux, dans le but de propager l'instruction publique, ou d'augmenter le crédit.

1° Jusqu'au roi Charles VIII les princes souverains, les étrangers nobles, *non résidant en France*, étaient exempts du droit d'aubaine: tout étranger, noble ou roturier *résidant en France*, était au contraire soumis à ce droit. V. l'art. 72, de la coutume de Vitry: « Par coutume en noblesse ne gît espavité, qui est à entendre que les nobles natifs et demeurant ès pays d'Allemagne, Brabant, Lorraine, Barrois, *ou ailleurs hors du royaume*, succèdent à leurs parents

ut eodem jure invicem utantur, et æqualitas servetur. Ainsi que maistre Charles du Moulin a adnoté sur le soixante-douzième article de la coutume de Victry en Partois. De faict par le traicté de mariage d'entre madame Claude de France, et Charles IIIe du nom duc de Lorraine, n'a pas esté convenu, que les Lorrains seraient naturalisez en France, et qu'il leur serait permis y demeurer et acquérir biens, et succéder à leurs parents naiz et demourans au royaume. Comme il fut accordé par le traicté de mariage passé entre le roy François IIe et la royne d'Ecosse ainsi qu'il sera dict au septième chapitre du présent traicté » (Racquet droict d'aubaine, chap. VI § 2). *Les Barisiens au contraire n'étaient pas aubains.* « Quant à ceux qui sont natifs de Bar, et du païs de Barrois, ils sont vrais et naturels subjects du Roy : d'autant que le duché de Barrois est tenu en foy et hommage de la couronne de France : et le duc de Lorraine comme duc de Bar est vassal du Royaume. Tellement que ceux qui sont natifs du païs de Barrois décédés, soit qu'ils fussent demeurant audit royaume ou ailleurs, ès biens délaissés par leur trépas audit bailliage, meubles ou immeubles, nobles ou roturiers. »

Depuis Charles VIII, il n'en est plus de même : désormais pour être habiles à succéder en France, les rois étrangers, les nobles, etc., doivent obtenir des lettres spéciales qui les exemptent du droit d'aubaine, « les étrangers nobles n'en sont pas exempts, nonobstant coutumes contraires, » dit *le commentateur de la nouvelle Institution coutumière*, (art. II, titre II).

2° L'aubain qui avait des enfants légitimes, nés et habitant en France était relevé de l'incapacité de trans-

peuvent librement résider en France, et ne leur est besoin obtenir lettres de naturalité du Roy comme estant vrais et naturels Français (Eodem loco § 2 in fine).

Signalons tandis que nous parlons de la Lorraine, une pièce curieuse *portant abolition du droit d'aubaine* entre deux comtés de seigneurs différents en l'an 1243. « Nos Thibaut, par la grâce de Dieu, roy de Navare, faisons sçavoir à tous que comme discorde fut entre nos, d'une part, et nostre amé et nostre feal Thibaut, comte de Bar, d'austre ; sur la ligie le comte de Grandprey.... et li homes qui vanront de sa terre, et de ses fieds, et de ses gardes dessous nous, ou royaume, et cils qui vont de nos terres, de nos fieds, et de nos gardes dessous luy en l'empire, qui ils mourront, aura leur remanence, se la franchise des leus dont ils mouront, ne li tolt au seigneur. En l'an de l'Incarnation nostre Seigneur l'an mil et deux cent et quarante-trois au mois de juin. » (Mémoire de l'envoyé de Lorraine, page 9, preuves). Rapporté par M. Noël dans ses Mémoires pour servir à l'histoire de Lorraine.

mettre, il pouvait leur laisser sa succession. À cette époque, tout individu né en France était français ; on pensait généralement que l'enfant qui était né à l'étranger, de Français ayant conservé l'esprit de retour, était français, et pouvait jouir de tous les droits attachés à cette qualité, sans être tenu de venir demander au roi des lettres de naturalité. Supposons le cas où l'aubain a un enfant légitime, né en France et y habitant, et des enfants légitimes nés hors de France : on permettait que l'enfant français venant à la succession de son père pût y faire venir aussi ses frères étrangers, « pourvu qu'ils y viennent établir leur domicile, dans le dessein d'y demeurer le reste de leurs jours ; » c'est ce que nous voyons dans l'article XI, titre II, (*des aubains et du droit d'aubaine*) dans la *nouvelle Institution coutumière* de M. de Ferrières. Mais si on avait dans ces cas que nous venons d'indiquer, permis à l'aubain de transmettre sa succession, on ne lui avait pas au contraire permis, si ses enfants venaient à mourir avant lui, de se prétendre leur héritier.

5° L'aubain avait un moyen d'échapper aux conséquences qu'entraînait après elle sa qualité, je veux parler de la possibilité qu'il avait d'obtenir du roi *des lettres* dites *de naturalité*. La naturalisation était concédée *en masse*, ou *individuellement*. En masse, ainsi par exemple : vers l'année 1550, les marchands portugais juifs convertis, dits nouveaux chrétiens ; et encore en 1607, sont déclarés régnicoles, par le roi Henri IV, les aubains qui viennent travailler dans les manufactures françaises ; et encore sous Louis XIV, après dix ans, les aubains ouvriers à la manufacture des Gobelins ; et encore sous Louis XV, les étrangers qui ont servi dans les armées pendant dix ans, s'ils sont catholiques, et s'ils promettent de rester toujours en France ; et encore sous Louis XIV, les étrangers qui ont servi cinq ans dans la marine française. Individuellement, on pouvait à partir du XIIe siècle, devenir français, en prenant « *lettres de naturalité* » (1). « C'étaient des lettres d'abandon du droit d'aubaine accordées d'abord moyennant finance à payer au roi. La finance était proportionnelle à la fortune apparente de l'aubain. Plus tard, la somme versée par l'aubain fut consacrée au soulagement des pauvres. Ces lettres devaient pour être valables, être « *enregistrées en la chambre des comptes du Roy, et en la chambre du Domaine ;* » plus tard, en l'année 1703, elles devaient être « *insinuées* ». Cela suffisait ; après l'enregistrement et l'insinuation, elles étaient désormais bonnes et valables, car dit Bacquet « les lettres de naturalité ne doivent être vérifiées au Parlement. »

(1) Pour voir « la forme des lettres de naturalité, que les étrangers demeurant en France ont accoustumé obtenir du Roy, » voir Bacquet, droict d'aubaine, 3e partie, chap. XXII, § 1er. D'après cet auteur on peut aussi appeler ces lettres « *lettres de civilité* ou *lettres d'adoption.* »

Pour obtenir des lettres de naturalité, il fallait : 1° être catholique, et 2° résider en France, sinon on était considéré comme abdiquant le bénéfice de la naturalisation. Ces lettres ne servaient qu'à ceux qui les avaient obtenues. La naturalisation du père, n'avait pas pour effet d'entraîner après elle la naturalisation du fils.

L'étranger naturalisé peut librement tester, et en cela, il est souvent plus libre dans ses dispositions que ne le serait le Français. « Et (1) cette faculté donnée à l'estranger naturalisé, de librement disposer de tous ses biens est si ample, qu'encores que par la coustume au dedans de laquelle les biens sont situez, il soit prohibé de donner entre-vifs, ou bien tester de ses héritages propres ou acquests, sinon du quint, ou de moitié, ou bien à vie seulement, ainsi qu'il est porté par la coustume de Touraine ; toutesfois l'estranger naturalisé pourra librement donner entre-vifs, ou bien par testament tous ses biens, tant propres, et acquets, que meubles ; et le Roy succédant à l'estranger naturalisé, qui n'a laissé aucuns héritiers régnicoles, ne pourra débattre cette donation, ou legs universel, non plus que le seigneur Haut-Justicier ne la pourroit impugner succédant à un Français à titre de biens vaquans. »

L'étranger naturalisé succède à ses parents nés et demeurans en France ; et ses parents nés et

____

(1) Bacquet, droict d'aubeine, 3ᵉ partie, chap. **XXIII**, § 6.

demeurans au Royaume, ou bien encore ceux qui
ont obtenu des *lettres de naturalité* peuvent lui
succéder « ès biens estans en France, tout ainsi que
s'il estoit natif au Royaume. » En effet à la véri-
fication des lettres de naturalité, « Messieurs des
Comptes (1) ont accoustumé mettre cette clause
ordinaire *proviso quòd impetrantes hœredes sint
Regnicolœ*, lequel mot de *Regnicolœ*, il faut entendre *quòd hœredes sint Rœgnigenœ et Regnicolœ, id
est, nati in Regno, et manentes in Regno*. Et est
nécessaire que *utrumque concurrat;* autrement les
parens des estrangers, s'ils ne sont naiz en France,
et demeurans en France, ne succéderont aucunement à l'estranger naturalisé ès biens estans en
France, fussent-ils les propres enfants de l'estranger naturalisé. Car estans naiz hors de France,
*peregrini sunt et alienigenœ, ideo que hœreditatum
incapaces.* » Bacquet nous parle un peu plus loin (2)
d'une nouvelle interprétation des mots « *proviso
quòd hœredes sint regnicolœ* » qu'il nous dit être
« plus subtile qu'équitable, et ne doit estre admise. »

L'étranger naturalisé jouissait de tous droits civils,
et avait la participation au droit public; cependant
disons, pour être exact, que l'aubain même ayant
obtenu des *lettres de naturalité,* ne pouvait être

(1) Bacquet droict d'aubeine, partie 3, chap. xxiv, § 6.
V. également, de Ferrières. *Nouv. Int. à la Pratique,* t. 2,
V°. lettres de naturalité, page 143.

(2) Bacquet, ch. XXV, § 1, partie III.

évêque, archevêque, ou abbé (1). L'ordonnance d'Orléans (art. 17), défend aux Prélats « *de bailler à ferme le temporel de leurs bénéfices aux étrangers qui ne seront naturalisés, habituez et mariez en ce Royaume, à peine de saisie dudit temporel, qui sera distribué aux pauvres des lieux.* »

Signalons également l'existence des *lettres de déclaration* accordées à une certaine classe d'aubains appartenant à des pays sur. lesquels la Royauté gardait des prétentions (2). Elles donnaient rétroactivement la qualité de Français à ceux qui les obtenaient. *Les lettres de déclaration* étaient aussi accordées aux Régnicoles, « qui (3), par une longue absence, étaient réputez avoir abdiqué leur patrie, et sont revenus en France. Ils n'ont pas

----

(1) V. à ce sujet l'*ordonnance de Charles VII*, de l'année 1431, qui le défend expressément « *nisi de regno dominatione que nostrâ fuerit oriendus, nobis que benevolus existat.* »

(2) Ainsi, par exemple, les habitants de la Savoie (15 février 1566), par lettres patentes du Roi Charles IX. Elles sont au Code d'Henri III (liv. VI, tit. IX, des *étrangers et successions d'iceux*). Il n'en est cependant ainsi que pour ceux qui sont nés en Savoie, alors que ce pays était au Roi de France, et qui depuis 1559 (époque à laquelle le Roi dut l'abandonner), sont venus habiter la France. Tous les autres doivent obtenir des lettres de naturalité, ils sont aubains. Les Flamands obtenaient aussi des *lettres de déclaration*, les Francs-Comtois, les Milanais aussi.

(3) De Ferrières, *Introd. à la Pratique*, t. II, p. 139, V° *lettres de declaration*.

besoin de *lettres de naturalité,* parce qu'ils ne sont pas étrangers ; mais il leur faut des *lettres de décla- tion* pour purger le vice de leur longue absence. »

On exigeait des *lettres de Réhabilitation ou de Relief* des Français qui s'étaient fait naturaliser étrangers. Les enfants du Français expatrié redeve- naient Français par le retour et jouissaient de tous les droits et prérogatives réservés aux Français.

4° Le roi Louis XI par lettres patentes du mois de septembre 1481, donna l'exemption du droit d'aubaine aux Suisses « qui lors estoient, et qui après seroient en son service, gages, et soulde, qui estoient mariez ou habituez, ou se marieroient et habitueroient à l'advenir au Royaume de France. » Le même roi qui selon la parole de M. Augustin Thierry (1) « mérite le blâme que la conscience humaine, inflige à la mémoire de ceux qui, ont cru que tous les moyens sont bons, pour imposer aux faits le joug des idées, » eut du moins la gloire de comprendre tout ce que *le droit d'aubaine* avait de défavorable au point de vue des relations commer- ciales. « Entre tous ceux que j'ai jamais congneux, nous dit Philippe de Commynes, dans ses Mémoi- res (2), le plus saige pour soy tirer d'un mauvais pas en temps d'adversité, c'estoit le Roy Louis XI, nostre maistre, le plus humble en paroles et en

(1) Hist. du Tiers-Etat, page 65.
(2) Mémoires de Philippe de Commynes, édition de Mlle Dupont, pages 83 et 84, tome Ier.

habitz......, naturellement amy des gens de moyen estat et ennemy de tous grans qui se povaient passer de lui. Nul homme ne presta jamais tant l'oreille aux gens, ny ne s'enquist de tant de choses comme il faisait. » Le fait est, qu'il s'occupa beaucoup des *aubains* et qu'il prêta l'oreille à leurs réclamations. Déjà les marchands étrangers qui venaient en Champagne, à l'époque des foires, étaient exempts de *l'aubaine*, pendant leur voyage, pendant tout le temps de la foire, et lors de leur retour, seulement ils devaient *l'host* et la *chevauchée*, et plus tard des redevances calculées sur ce qu'ils vendaient. En 1443, Lyon eut le privilége de trois foires franches, les marchands furent relevés de l'incapacité de transmettre, et de tester. Enfin en 1463, Louis XI reconnait les priviléges desdits marchands, accorde en raison de l'intérêt du commerce, une quatrième foire à Lyon et « permist à tous marchands estrangers de tester et ordonner de leurs biens, ainsi que bon leur semblerait, et que leur testament et ordonnance seroit valable, en ce qui serait de raison ; pourvu que le testament eust esté faict devant les foires de Lyon, ou après, en ce Royaume, ou dehors, et qu'il sortirait son plein effect, comme s'il eust esté faict et ordonné ès lieux dont ils seraient natifs. (1) »

(1) Code Henry (Livre 6e, titre ixe. Des Etrangers et successions d'iceux).

D'après ce que nous dit Bacquet (1), les Parlements avaient pour habitude de considérer comme non sujets à l'aubaine, les marchands venus à Lyon, mais non habitant d'une manière continuelle sur notre sol, et de considérer, au contraire, comme soumis à ce même droit, « deniers estant ès bancques de Lyon, pour le regard des estrangers qui avaient leur domicile en France, et y estoient demeurans, *quia erant incolæ regni* » *Les gens du Roy* eurent raison jusqu'au jour où les aubains dont s'agit obtinrent, « Edict et Déclaration du Roy Charles neufviesme, par lequel il a déclaré : qu'ils et chacuns d'eux habituez, demeurans, allans, venans ou fréquentans les foires de Lyon, jouyssant et usant des priviléges, franchises, libertez pouvoirs et auctorités qui leur appartiennent et leur ont esté concédez par les prédécesseurs Roys de France : *ores qu'ils facent leur continuelle résidence en la ville de Lyon*, et sans que les *lettres de naturalité* qu'ils auraient eües, ou pourraient avoir et obtenir à l'advenir, peuffent nuyre et préjudicier, ny qu'après leur décez les *deniers, cédules, et dettes et biens meubles quelconques, ny pareillement leurs rentes constituées en quelque lieu du Royaume que ce fût* peuffent estre prétendues par les officiers du Roy, ny par autres, compéter et appartenir au Roy par

______

(1) Bacquet. Droict d'aubeine, première partie, chap. xiv, § 4. Affaire Pandolphi. — Arrêst donné en plaidoirie le dernier mars 1569.

droict de aubaine : ains leurs héritiers ou autres, auxquels ils en auront disposé, encores qu'ils ne fussent Régnicoles, y pourront succéder, et les prendre et appréhender. »

Plus tard, on n'hésita pas à généraliser ces priviléges, qui primitivement, n'existaient que pour certaines villes limitativement déterminées, et tous les marchands étrangers, furent quant à leurs meubles exemptés de l'aubaine.

Signalons la renonciation que le Roi Charles V, en 1364, fait de son droit d'*espave* au profit des marchands venus de la Castille; la permission donnée par le même, à certains aubains, de résider en France, pendant six ans, dans quelques villes qu'il indique. Les marchands de la Hanse teutonique, les Brabançons, les Flamands, les Hollandais et autres obtiennent aussi de grands avantages de Louis XI (1) Henri II exempte de l'aubaine ceux qui viennent en France, travailler dans les mines, défricher, ou dessécher les marais (1607), et encore ceux qui viennent en qualité d'ouvriers dans les manufactures de soie.

5° On discutait la question de savoir si les écoliers venant étudier dans les Universités de France

______

(1) Signalons l'existence des *consuls ou telonarii*. A l'origine on obtenait difficilement d'avoir des *consuls* en France, à cause de l'aubaine et du droit de naufrage que nos rois désiraient conserver. Aucune nation ne pouvait avoir de consul en France, sans convention expresse. Pour pouvoir exercer les fonctions de consul, il fallait avoir *lettres d'exequatur* données par le Roi.

devaient être soumis au droit d'aubaine, où si au contraire ils en devaient être exemptés. Rebuffe (1) était d'avis qu'on ne devait pas les soumettre à l'aubaine. Choppin (2) et Lebret (3) partageaient son avis ; Bacquet (4) était d'un avis contraire. « Les escholiers, docteurs et autres supposts des Universitez natifs hors de France, sont subjects à la loi d'aubeine » disait-il ; il admettait cependant que « les escholiers pendant les guerres ne sont subjects au droict de represailles. » La raison qui le décidait était « d'autant que tous les priviléges octroyez aux Universitez concernent les personnes des escholiers et leurs biens *pendant leur vie*. Et le droict d'aubeine n'a lieu, et ne se perçoit sinon après le décès de l'aubain et estranger *qui liber vivit, sed servus moritur*. » Nous nous étonnons, avec M. Demangeat, que ni l'un ni l'autre des auteurs qui s'occupent de cette question, n'aient jugé convenable de parler de l'ordonnance de Louis X (1315) qui exempte de l'aubaine « tous escholiers de toutes Universitez de France », et nous nous en demandons en vain la raison.

Les membres du chapitre de Rheims en 1362, les Bénédictins Anglais en 1736, obtiennent exemption de l'aubaine.

(1) De scholasticorum privilegiis, tractatus Petri Rebuffi.
(2) Du domaine, Livre I, titre ii.
(3) De la souveraineté du Roy, Livre II, chap. ii.
(4) Bacquet, droict d'aubeine, première partie, chap. xiii.

6° Les Etrangers pouvaient acquérir des rentes perpétuelles ou viagères, des rentes sur l'Hôtel de Ville de Paris, et avaient le droit d'en faire transmission à leurs héritiers même aubains, et habitant, hors du territoire Français.

7° On avait aussi porté atteinte au droit d'aubaine en faisant de nombreux traités avec les nations voisines : les uns abolissaient le *droit d'aubaine* et établissaient le *droit de détraction* (impôt de 1/10 ou quelquefois de 1/5 sur la valeur totale des successions mobilières ou immobilières : d'autres l'abolissaient avec réciprocité, d'autres enfin l'abolissaient sans réciprocité ; dans certains d'entre eux, on permettait à l'aubain de transmettre *ab intestat* aux Français seulement.

Nous pouvons indiquer comme traités principaux, celui de 1529, renouvelé en 1544 avec la Flandre, l'Artois et la Bourgogne ; celui de 1592 entre Charles IX et Elisabeth. Depuis Henri IV, on en fit davantage ; on avait en 1789 des traités avec 66 Etats, pays ou seigneuries. Rœderer fit l'analyse de ces traités qui sont indiqués dans Locré.

Louis XV par une déclaration en date du 19 juillet 1739 abolit le droit d'aubaine en faveur des Anglais qui, désormais, purent transmettre leurs successions mobilières à leurs héritiers. Plus tard par des lettres patentes en date du 18 janvier 1787, Louis XVI leur donna complète exemption de l'aubaine ; cependant pour recueillir à défaut d'héritiers

Français ils doivent au trésor un *droit de détraction de 1/10*, (*V. le mémoire de Necker au Roi, demandant l'abolition entière du droit d'aubaine*). On avait traité en 1760 avec la Sardaigne ; en 1762 avec l'Espagne et les deux Siciles ; en 1766 avec l'Autriche, en 1768 avec la Toscane ; en 1772 avec la Suisse ; en 1773 avec les Pays-Bas ; en 1777 avec les Polonais ; en 1778 avec l'Amérique du Nord et le Portugal ; en 1787 avec la Russie. En 1789 on n'avait pas encore de traité avec les Etats du Pape, avec la République de Gênes ; avec la Porte, il n'y avait pas de véritable traité, mais des capitulations à la date de 1673 et de 1740, par lesquelles, en Turquie, les Français pouvaient transmettre leurs meubles, sans réciprocité cependant pour les Turcs en France. Quant à la Prusse, il y avait bien un traité de 1753, mais qui n'avait pas été renouvelé ; du reste, le droit d'aubaine n'a jamais existé en Prusse que par représailles ou rétorsion contre les Français (1).

Pour interpréter ces conventions, la jurisprudence s'appliquait avant tout *à la lettre* des traités, primitivement on ne les appliquait pas aux colonies, cependant on finit par le faire. L'Etat de guerre

(1) Par un traité du 24 janvier 1702, intervenu entre le Roy, et Son Altesse Royale, Léopold, duc de Lorraine et de Bar, confirmé par une déclaration de Sa Majesté, et celle de sa dite Altesse du 13 mars même année, le droit d'aubaine, est aboli entre les sujets des deux Etats.

anéantissait complétement les traités ; on donnait alors aux étrangers un certain délai pour quitter la France, passé lequel on vendait *tout* ce qui leur appartenait. A la conclusion de la paix, les traités devaient être renouvelés et confirmés; ils n'avaient d'effet, que pour l'avenir ; pendant les hostilités ils n'existaient plus.

8° On discutait la question de savoir si les ambassadeurs étaient soumis au droit d'aubaine ou s'ils en étaient exempts ? On disait, il est évident qu'ils ont des priviléges pendant leur vie, pour leur personne et leurs biens, mais quand ils sont morts il n'est plus question pour eux de priviléges, et ils sont soumis à l'aubaine. « aucuns (1) ont estimé les biens des ambassadeurs estans en France, estre subjects au droict d'aubeine, comme leurs priviléges ne concernant que leurs personnes et biens, pendant leur vie, et non après leur décès, après lequel et non plus-tôst, le droict d'aubeine à lieu. » Cet auteur cite plusieurs textes des lois Romaines qu'invoquent les partisans de l'affirmative, notamment un texte ou il est dit que les *legati* ne peuvent acquérir *« in eâ provinciâ, in quâ legatione funguntur »* ; ce qui évidemment n'est pas sérieux puisqu'il n'est nullement question dans cette loi d'ambassadeurs étrangers, mais bien de *legati cives romani*. On indiquait

_____

(1) Bacquet. Droict d'aubaine, première partie, chapitre xii, § 2.

aussi un arrêt donné à l'audience, le 10 septembre 1855 pour les biens de l'archevêque Damarchan, ambassadeur Écossais ; mais cet arrêt ne saurait non plus rien signifier, car, en fait, l'archevêque dont il s'agit dans cet arrêt, n'était qu'un simple envoyé du Saint-Siége, pour faire quelques remontrances touchant la religion. Aussi Bacquet ne partageait pas l'avis de ceux qui se décidaient pour l'affirmative et il estimait, « que les ambassadeurs estans en France, ne sont ny de leur vivant, ny leurs biens après leurs décés, subjects à la loy d'aubeine : mais les ambassadeurs peuvent librement tester, et les biens demeurez par leurs décès, doivent estre conservez à leurs héritiers, donataires ou légataires. » Bientôt on admit à peu près généralement la négative, mais pas d'une manière absolue cependant : en ce qui concerne *les meubles*, on admettait l'exemption de l'aubaine ; mais quant *aux immeubles, aux rentes constituées*, on estimait les ambassadeurs soumis à l'aubaine : disons toutefois que le Roi pouvait par faveur, accorder aux ambassadeurs, quant à l'aubaine, telle exemption qu'il jugeait convenable,

Les aubains donc étaient, en principe, assujétis à l'aubaine *stricto sensu*, je veux dire à la double incapacité de transmettre et de recueillir ; nous venons de signaler les principales exceptions à l'aubaine, voyons maintenant la capacité des étrangers quant au droit public, quant au droit civil, quant aux règles de la procédure.

1° CAPACITÉ DES ÉTRANGERS QUANT AU DROIT PUBLIC.

En principe les aubains sont incapables de posséder un bénéfice, un office, ou d'exercer en France une fonction publique. Ainsi il leur est interdit d'être archevêque, évêque, abbé, etc., d'après une ordonnance de l'année 1431. Nous lisons aussi dans les *Institutes coustumières* (1) : « aubains ne peuvent tenir offices, n'y bénéfices, fermes du Roy, n'y de l'Eglise ». Ces fonctions leur sont refusées même s'ils ont obtenu *des lettres de naturalité* ou de *capacité.*

Les Evêques ne pouvaient nommer vicaires généraux des étrangers, ils ne pouvaient non plus les nommer officiaux. On ne pouvait être magistrat, employé des finances, ou pourvu d'un grade dans l'armée, à moins d'être muni *de lettres de capacité.* Les aubains ne devaient pas être admis au serment d'avocat ; ils pouvaient avoir en France des degrés universitaires, mais il leur était formellement interdit d'en faire usage sur notre territoire. On ne pouvait les nommer Régents ou Principaux dans les Universités du Royaume (2).

(1) Loysel. Inst. coustumières. Règle LIV, page 24.
(2) V. Pothier. Traité des Personnes, titre II. Sect. ii, page 7.

2° CAPACITÉ DES ÉTRANGERS QUANT AU DROIT CIVIL.

A partir du roi Philippe le Bel, et sous l'influence des Légistes qui se livraient avec une ardeur inouïe à l'étude des lois Romaines, depuis la découverte du Digeste vers 1137, on rétablit en France, la vieille distinction *entre les facultés du droit des gens et les facultés du droit civil*, qui avait complétement disparue sous l'empire des coutumes.

Si l'on en croit M. Demangeat (1), cette distinction n'a pas une raison d'être sérieuse, dans un pays chrétien comme le nôtre, où l'on admet le grand principe de l'égalité de tous, contrairement à ce qui avait lieu à Rome ; dans un pays, où l'on n'a pas le désir de monarchie universelle qu'avaient les anciens Romains. Aussi cet auteur pense-t-il que cette distinction « aurait dû mourir avec la vieille Société Romaine », et qu'elle ne peut reposer que sur « un enthousiasme aveugle des magistrats pour le Droit Romain », et sur « une haine populaire pour tout ce qui se rattachait à la tyrannie féodale ».

Cette distinction est-elle vraiment si dénuée de fondement, que le prétend le célèbre auteur ? Je ne le pense pas pour ma part, et pour moi l'adoption de la théorie romaine, après l'établissement du ser-

(1) Hist. de la cond. civ. des étrangers en France, pages 421 et suivantes.

vage qui, ainsi que je l'ai indiqué plus haut, pesait durement sur les aubains, dût être éminemment favorable à l'étranger. Que la distinction n'ait pas toujours été équitablement faite, je le reconnais, mais est-ce à dire que le principe substitué par les Légistes à l'arbitraire et au règne de la force brutale, soit un pas fait en arrière, et « une admiration irréfléchie des Parlements pour le Droit Romain ». Non certes, loin de nuire aux aubains, cette distinction, reposant sur un sentiment d'amour-propre national, sur un sentiment de patriotisme, que tout le monde comprend, leur a été, à l'époque où elle a apparue, aussi avantageuse que possible.

Les actes *du droit des gens* sont permis aux étrangers ; quant aux actes *du droit civil*, il leur est impossible de les faire. Aussi doit-on toujours, lorsqu'on veut savoir, si un aubain pourra ou ne pourra pas faire tel ou tel acte, examiner la question de savoir, si l'acte en question est *du droit des gens* ou *du droit civil*. « (1) Les aubains sont presque considéréz en France, comme les déportez ou condamnez à l'exil perpétuel chez les Romains ; ils sont capables de tous actes, contrats ou conventions du droit des gens, mais incapables des effets civils. »

(1) Nouvelle Institution coutumière, par Claude de Ferrières, advocat au Parlement, docteur aggrégé dans la faculté de Droit de Paris. Livre I, titre II, article 3 des aubains.

Il était permis aux aubains de vendre, d'acheter, de louer, etc., et en général de faire tous les actes entre vifs. Certains auteurs voulaient cependant prétendre que les actes entre vifs étant du droit civil, ils en étaient incapables (1). Ils n'ont ni la *testamenti factio passive* ni la *testamenti factio active.* « (2) Ils sont incapables des effets civils ; ainsi ils ne peuvent n'y tester pour quelque cause que ce soit, n'y recevoir par testament ». Ne revenons pas à ces incapacités de recevoir ou de transmettre, dont nous nous sommes occupés longuement, en traitant de l'aubaine ; disons seulement que sur ce point, la vieille tradition romaine, est d'accord avec les idées germaniques desquelles sont nés les principes relatifs au droit d'aubaine. Les aubains pouvaient faire des donations entre vifs, c'était déjà le principe suivi à Rome, envers les *peregrini*, et c'est ce que nous dit Loysel (3). « Biens peuvent-ils acquérir, et disposer de leurs biens entre-vifs » ; et aussi de Ferrières (4) ; « qu'ils peuvent donner entre-vifs, même à des étrangers, ou recevoir aussi des étrangers ou des régnicoles, par dispositions entre-vifs, pourveu que ce ne soit en fraude du droit

(1) V. Pothier. Traité des Personnes, titre ii, section II.

(2) Nouvelle Institution coutumière, par Claude de Ferrières, avocat au Parlement, docteur agrégé dans les facultés de droict de Paris. Livre I, titre, article 8.

(3) Loysel, Institutes coutumières. Règle L, page 13.

(4) Nouvelle inst. coutumière, article 6.

d'aubaine » ; et encore Bacquet « (1) et l'ordonnance ou plustost usance concernant le droict d'aubeine, transcript au troisième chapitre, ne prohibant à l'estranger sinon de tester, *cætera permittit, nempe inter vivos donare, vel alio modo contrahere.* » Mais les aubains ne pouvaient faire de donations *mortis causâ.* Bacquet prévoit le cas où « l'estranger pendant sa maladie fait donation », et il nous dit « qu'on la répute faicte pour cause de mort, en quelque sorte qu'elle soit conceuë..... encores que la donation soit faicte en forme de donation entre-vifs portant ces mots : *a donné, cédé, transporté et délaissé* à tels ses hoirs et ayans cause, du tout, à tousiours par pure et vraye donation irrévocable faicte entre-vifs, sans espérance de la pouvoir jamais révoquer, transportant, etc., desaisissant, etc. (Arrest solennellement prononcé pour un nommé Thioust le cinquième juin mil-cinq-cens soixante-huict. » C'est aussi ce que dit la coutume de Paris (2) « toutes donations, encore qu'elles soient conçues entre-vifs, faites par personnes gisans au lit malades de la maladie dont ils décédent, sont réputées faites à cause de mort et testamentaires, et non entre-vifs. »

(1) Droict d'aubeine, deuxième partie, chap. xvii, § 9.

(2) Nouvelle coutume de Paris, article 177. (Comment donations conçues entre-vifs, réputées à cause de mort et testamentaires).

Qu'en était-il du don mutuel entre deux époux aubains ? On discutait la question de savoir, si les conjoints étrangers pouvaient valablement faire un don mutuel. Bacquet est partisan de l'affirmative, et il rapporte l'opinion d'Embert, (en son Euchéridion, fol. 102). Pour ces auteurs, le don mutuel est un acte entre-vifs, et par conséquent, les aubains ont capacité pour le faire ; cet acte du reste s'éloigne absolument du testament, « ce don est réciproque dès lors de la confection d'iceluy, parfait et absolu, subject à insinuation, comme un contract faict entre-vifs et ne se pouvoit révoquer, *nisi mutuo consensu.* » D'où, « le don mutuel estant contract entre-vifs, il est permis aux estrangers de le faire et passer entre eux. » Pothier trouve cette question délicate et elle semble l'embarrasser. « (1) Mais ne pourrait-on pas dire au contraire, dit-il, que le don mutuel est un acte à cause de mort qui n'est pas permis entre étrangers. Cette question souffre beaucoup de difficulté. Le don mutuel doit être fait par personnes en santé, il est sujet à insinuation et il ne peut être révoqué que par un consentement mutuel ; mais on peut opposer de l'autre côté qu'il se fait *dans la vue de la mort et ne peut avoir d'exécution qu'après le prédécès de l'un des deux conjoints : deux caractères essentiels aux donations à cause de mort.* »

(1) Pothier, traité des Personnes, titre II, section II, p. 8.

Quelques auteurs portent la question sur un autre terrain. Pour eux, il ne s'agit plus de savoir s'il faut voir dans le don mutuel un acte entre-vifs, ou un acte à cause de mort, mais bien un acte du droit des gens, ou un acte du droit civil, qui serait, par conséquent, inaccessible aux aubains, en vertu du principe des légistes ; ce qu'ils admettent.

Quid de l'institution d'héritier, ou de la donation de tous biens présents et à venir, faite par un aubain dans son contrat de mariage ? Bacquet ici encore, avec Ricard et Bourjon, se décide pour l'affirmative, car « la faveur des contracts de mariage est fort grande en France. » Malgré ces auteurs, Pothier n'est pas convaincu. « (1) Nonobstant cela, dit-il, nous regarderions l'institution d'héritier et la donation entre-vifs, dans la partie qui contient la donation des biens à venir, comme nulles, puisque l'un et l'autre de ces actes, sont des actes à cause de mort, qui sont interdits aux étrangers par les lois du royaume. »

La femme aubaine peut-elle venir prétendre au *douaire coutumier* ou *au douaire préfix* sur les biens de son mari, qui sont situés sur le territoire de la France ? *Le douaire coutumier* (2) « est celui qui est établi et défini par la coutume, qui consiste

_____

(1) Pothier, eod. loco.

(2) De Ferrières, V° Douaire, tome I, page 517, Nouv. Int. à la Pratique.

en une espèce de pension alimentaire pour la femme, et en un droit de légitime pour les enfants..... » ; la nature de ce douaire décidait en général les auteurs à l'accorder à la femme étrangère. « Ce sont en quelque sorte des aliments qu'on lui assure », disait Pothier, « la femme étrangère ne les mérite pas moins que celle qui est française. » Quant au *douaire préfix* ou *conventionnel*, c'est-à-dire d'après de Ferrières, « celui qui provient de la convention des parties, et qui se doit prendre sur la part qui doit appartenir au mari dans les biens de la communauté, et où la part du mari ne suffirait pas, il se prend sur ses propres », on devait se demander, pour l'accorder, à la femme étrangère, s'il était égal, ou inférieur au *douaire coutumier*, où s'il lui était supérieur. Est-il égal ou inférieur *au douaire coutumier*, elle pourra en profiter. Est-il supérieur ? On devra voir là une donation *mortis causâ* déguisée et le refuser à la femme ; cependant Pothier admet qu'il « serait de l'équité de substituer au douaire préfix le douaire coutumier. » D'autres auteurs pensent que la femme étrangère n'a droit qu'au *douaire préfix* qui est la règle de son contrat de mariage, mais qu'elle ne peut en aucune sorte prétendre au *douaire conventionnel*, parce que c'est une institution de pur droit civil, et que, par conséquent, il est inadmissible que les aubains qui n'ont de participation qu'au droit des gens, puissent y prétendre.

Les aubains étaient-ils admis à acquérir un domicile en France? On le pensait dans l'ancien droit en général, en s'appuyant sur plusieurs textes du Code et du Digeste (1). Du principe que l'étranger peut avoir un domicile en France, Pothier tire une conséquence qu'il me semble impossible de passer sous silence. Nous lisons dans son *Traité de la communauté*. « (2) Lorsque des étrangers, *quoique non naturalisés, mais domiciliés en France*, sous une coutume qui admet la communauté de biens, sans qu'il soit besoin de la stipuler, y contractent mariage, *sans passer aucun contrat de mariage, la communauté légale a lieu entre ces personnes*. Il est vrai que ces personnes ne sont pas capables du droit civil, qui n'a été établi que pour les citoyens, tel que le droit des testaments, des successions, du retrait lignager; mais elles sont capables de ce qui appartient au droit des gens, telles que sont toutes les conventions. Or, la communauté légale n'est fondée que sur une convention, que les personnes qui contractent mariage, sont présumées avoir eu d'établir entre elles une communauté, *telle que la loi de leur domicile l'établit*, de laquelle convention, de même que toutes les autres conventions, les

(1) L. Cod. de Incolis. L.L. 20 et 27. Dig. ad municipalem et de incolis.

(2) Pothier, œuvres complètes, édition Rogron et Firbach, p. 859, 1re partie, ch. I, art. 1, n° 21 et aussi n° 10.

étrangers sont capables. *La communauté légale peut donc avoir lieu entre ces personnes, à plus forte raison la conventionnelle.* » On ne s'occupera pas *du lieu de la naissance*, mais *du lieu du domicile*, pour déterminer le régime sous lequel est marié *légalement* l'aubain (1).

La puissance paternelle, le droit de garde en particulier, est refusé à l'étranger, parce que l'on considère, d'après la distinction romaine, que c'est une institution de droit civil; nous en dirons autant de l'adoption, de la tutelle, l'étranger ne peut adopter (3), être tuteur, être adopté, être en tutelle.

Quid de la prescription ? Nous voyons ici encore apparaître la distinction entre le *jus civile* et le *jus gentium*, et les vieux jurisconsultes entasser arguments sur arguments, systèmes sur systèmes, pour

(1) Vid. contrâ Bourjon, et arrêt en date du 8 janvier de l'année 1632.

(2) Nous devons dire pour être exact, que de bonne heure l'adoption a cessé d'exister en France. De Ferrières dit, V° Adoption, dans sa *nouvelle Introduction à la Pratique*, p. 38, t. I, « l'adoption n'a pas été reçue en France », et Pothier, *traité du contrat de mariage*, partie III, ch. III, art. 3, dit en parlant de l'empêchement dirimant qui résultait de la parenté civile, « l'adoption n'étant plus depuis longtemps en usage parmi nous, il n'y a plus lieu à l'empêchement qui en résultait. »

(3) Pothier. Traité de la Prescription, partie I, chap. III, article 2, page 1255. D'autres auteurs leur accordent la prescription, s'il y a possession immémoriale ou même possession trentenaire.

faire reconnaître, les uns, que les aubains ne pouvaient espérer prescrire parce que l'*usucapion* était refusée aux *peregrini;* les autres, qu'ils le pouvaient au contraire, parce que la *prescriptio longi temporis* devait leur profiter. Pothier (2) refuse aux aubains le droit de prescrire : « la raison est, que les étrangers ont bien avec les citoyens *communionem juris gentium,* mais ils n'ont pas *communionem juris civilis.....* les étrangers sont incapables d'acquérir par usucapion ou par prescription ; cette manière d'acquérir étant une manière d'acquérir du droit civil qui n'a été établie que pour les citoyens. » La *prescription libératoire* ne saurait leur être refusée, au sentiment des anciens juristes, car elle tient de la nature des contrats qui, sont *juris gentium.*

Signalons en terminant que l'aubain ne peut être admis à intenter l'action en *retrait lignager,* « droit en vertu duquel le parent du côté et ligne, dont est venu au vendeur un héritage vendu, peut le retirer des mains de l'acquéreur en intentant l'action en retrait dans le temps prescrit, à l'effet de le conserver dans la famille (1) » car « inhabile à succéder est inhabile au retrait ». C'est ce que l'article 158 de la coutume de Paris (2) nous dit en d'autres

(1) De Ferrières, tome I, V° Retrait Lignager.

(2) Nouveau Commentaire sur la Coutume de la Prévôté et Vicomté de Paris, par M° Claude de Ferrières, avocat au Parlement, édition revue par M° Sauvan d'Aramon, ancien avocat au Parlement (1770), tome I, page 347.

termes. « Qui n'est habile à succéder, *comme un batard*, ne peut venir à retrait lignager. » « Il en faut dire de même, dit le commentateur, de ceux qui sont morts civilement, comme les religieux, les condamnés à mort par contumace, les bannis du Royaume à perpétuité, et les condamnés aux galères perpétuelles. Idem, *de l'étranger ou aubain, lequel est incapable de succession* (1). »

(1) Il me paraît intéressant au point de vue local d'indiquer quelle était la situation des étrangers dans la ville de Nancy, et le moyen pour eux d'arriver au droit de bourgeoisie, sous l'empire du code de Police de l'année M DCCLXIX, homologué par arrêt de la Cour souveraine de Lorraine et Bárrois, le 4 janvier même année, « publié dans le but de remettre en mémoire d'anciens règlements, à ce qui provient vraisemblablement de ce qu'ils sont tombés dans l'oubli, à cause de l'ancienneté de leurs dates. » Nous trouvons au titre II de ce code les articles suivants :

Article Ier. Toutes personnes étrangères des villes et faux-bourgs de Nancy, de quelque état, qualité et condition elles soient, qui se proposeront de s'y établir, seront tenues auparavant de commencer leur établissement, de représenter au Lieutenant Général de Police. des certificats en bonne forme, donnés par les officiers principaux des lieux de leur dernière résidence, qui rendront témoignage de leurs estat, profession, fortune, bonne vie, mœurs et conduite, et un extrait de leur mariage, également en bonne forme, si elles sont mariées : lesquels certificats et extraits de mariage seront visés par ledit Lieutenant Général de Police.

Article II. Après l'examen des dits certificats et extraits de mariage, les particuliers non nobles, ni privilégiés, se pourvoiront par devers les officiers de l'Hôtel de Ville, à l'effet d'obtenir des lettres. de Bourgeoisie, lesquelles ne seront néanmoins expédiées qu'à des personnes qui par

1° *De l'assignation de l'aubain.* Il faut distinguer s'il se trouve en France, ou s'il est hors de France. Se trouve-t-il en France? on l'assigne dans la forme ordinaire, comme on assignerait un Français. Est-il hors de France? jusqu'en 1667 on l'assignait *à la frontière.* C'est ce que nous dit Bouteiller (1) :

leurs biens, leur profession et leur travail, paraîtront pouvoir y subsister avec leur famille, sans être à charge au public.

Article III. Il sera payé, pour le droit de Bourgeoisie la somme de soixante livres, dont un tiers au profit des domaines de Sa Majesté, et les deux autres tiers à celui de la ville, à la réserve néanmoins des particuliers qui épouseront des filles ou veuves nées à Nancy, ou qui y auront droit de Bourgeoisie, lesquelles ne payeront que trente livres, et des filles ou autres qui ne sont pas nées en ladite ville, dont le droit à leur égard ne sera également que de trente livres, partageables comme ci-dessus.

Article IV. Fait défenses à toutes personnes de s'établir en ladite ville ni ses faubourgs que les dites formalités n'aient été observées, à peine de cinquante francs d'amende, et de résider dans la ville et les faubourgs dans le délai qui leur sera fixé par le Lieutenant Général de Police ; et à tous Bourgeois de leur louer aucun appartement, qu'il ne lui ait apparu du visa du dit Lieutenant Général de Police, ou des lettres de Bourgeoisie sous la même peine de cinquante francs d'amende ; et comme il s'est introduit, en cette ville, sans aucune permission, différens particuliers, qui y ont formé leur demeure, la recherche en sera incessamment faite, par les commissaires de police, chacun dans son quartier, pour sur leurs procès-verbaux être ordonné par la Chambre la sortie des dits particuliers, établis depuis trois ans, ou leur être accordé des lettres de Bourgeoisie s'il échet.

Article V.....

(1) Jehan le Bouteiller. Somme rurale, livre I, titre 3.

« Et se c'estoit pour faire adjourner habitants de pays en villes estranges, il suffiroit adjourner iceluy à la plus prochaine ville du pays qu'on vouldroit adjourner et le faire en publicque à la bretesche par jour de marché et puis attacher l'exploict avec la rescription à la porte au lez du pays don l'on adjourne le seigneur ou les habitants, tellement

Article VI. Tous Bourgeois propriétaires, et premiers locataires de maisons, de quelqu'état et condition qu'ils soient, qui laisseront ou sous laisseront des chambres garnies, appartements ou maisons, soit en tout ou en partie, à gens venant du dehors, seront pareillement tenus d'en faire leur déclaration avant l'entrée du bail ou transport d'aucun meuble ou effet des locataires dans leurs dites maisons, appartements ou chambres garnies, à peine de vingt-cinq francs d'amende.

Article VII. Il suffira néanmoins que les déclarations des dits propriétaires ou premiers locataires autres que les aubergistes, cabaretiers et taverniers, soient faites aux commissaires de police de leur quartier, lesquels en informeront aussitôt le Lieutenant Général de Police, et au plus tard à sa prochaine audience, pour, sur les certificats de bonne conduite, religion, état, profession et extrait de mariage, s'il échet, qui lui seront représentés, être par lui statué ce qu'il jugera nécessaire.

Article VIII. Enjoint aux dits commissaires de se rendre au moins trois fois par chacune semaine chez chaque bourgeois de leur quartier, à l'effet de s'informer des personnes étrangères, qui y logent, en prendre les noms, qualités, les lieux d'où elles sont, le temps qu'elles comptent séjourner à Nancy et l'endroit où elles vont, de tout quoi, il sera dressé un état par lesdits commissaires de police, pour être remis de suite au Lieutenant Général de Police, et comparé avec la déclaration des Bourgeois, cabaretiers, et taverniers, et le tout vérifié l'un par l'autre.

que ceulx qui yront audit pays le puissent savoir
et dire au lieu et avoir une copie de l'exploict se
prendre le veullent, et le doit-on laisser à la porte
tant que durer pourra. Et en tels cas l'oy ainsi veu
faire tant de fois que sans nombre, tant pour
aucuns seigneurs qui demouroyent en Haynault
comme en Flandres, dont les adjournements se faj-
soient à Tournay parce que c'était la ville la plus
prochaine sur les confins du royaulme, et estoient
les adjournements attachez à la porte du costé par
où on alloit en Haynault quant c'estoit la a faire et
quant c'estoit en Flandres à la porte par ou l'on va
en Flandres, et ainsi à plusieurs chasteaulx et for-
teresses, en attachant l'exploict à la barrière. »
Avouons que cette manière de procéder était peu

Article IX. Les commissaires de police tiendront pour
leur quartier un registre de nouveaux entrans, à l'article de
chacuns desquels, il sera mis, par l'ordre du Lieutenant
Général de Police, une note du certificat, caution ou état qui
auront autorisé la réception du nouvel entrant ; et pour sûreté
plus grande elle sera signée, ou au moins paraphée de sa
main.

Article X. Les personnes à simple pension (excepté les
écoliers) et les parents (autre que les père, mère, enfants ou
petits enfants, frères, sœurs, oncles, tantes, neveux ou
nièces,) seront pareillement déclarées, sous ladite peine de
cinquante francs d'amende.

Articles XI, XII XIII......... Telles étaient les dispositions
prises dans la ville de Nancy, contre les estrangers, dispositions sages et destinées à assurer la tranquillité publique, en
écartant de la cité tout élément étranger, et toute personne
inconnue.

pratique, *et que les habitants de pays en villes estranges* devoient se voir souvent condamnés par défaut. L'assignation donnée *à son de trompe* offrait les mêmes garanties que celle *donnée à la frontière*, c'est-à-dire qu'elle n'en offrait aucune ; aussi à la date que je viens d'indiquer plus haut, on supprima, d'une manière définitive, cette procédure ridicule, et désormais, les aubains domiciliés hors du territoire de la France, durent être ajournés « ès hôtels des procureurs généraux des parlements où ressortiront les appellations des juges. devant lesquels ils seront assignés. »

2° *Du tribunal compétent.* L'aubain défendeur ne pouvait dire : « *actor sequitur forum rei,* » il devait se défendre en France : on l'assignait devant le tribunal *de sa résidence actuelle,* s'il était en France, ou bien s'il était hors de France, devant le tribunal *du domicile du demandeur français* (1); voilà pour les matières personnelles. Supposons-nous une assignation en matière réelle c'est le *tribunal de la situation* qui sera compétent.

Un Français avait-il été condamné à l'étranger, par un tribunal étranger, il lui était permis, s'il ne voulait pas accepter le jugement rendu contre lui, de se présenter de nouveau en France, devant les tribunaux, pour lesquels le jugement étranger était considéré comme inexistant; il n'en aurait pas été de même pour un étranger.

(1) Ordonnance d'Orléans (1560), art. 5.

3° *De la caution judicatum solvi.* Aussi haut que nous remontons dans les antiquités germaniques nous rencontrons un principe invariable en vertu duquel, l'étranger à défaut de répondant, de fidéjusseur, ne peut provoquer son adversaire et le faire venir en justice (1). Les vieilles traditions s'implantèrent sur notre sol, et elles furent suivies en France, sauf par les tribunaux ecclésiastiques. Primitivement, on exigeait une caution de celui qui plaidait hors de la cour de son seigneur, plus tard on ne l'exigea plus que de l'aubain proprement dit et on décida (2) « qu'il ne luy est permis de librement plaider en France : mais voulant plaider est tenu bailler caution *judicatum solvi* à laquelle le François et originaire du royaulme, n'est aucunement subject. En sorte que l'étranger qui intente procès en France, soit qu'il demeure au royaume, ou hors diceluy, est tenu bailler caution de payer le jugé, tant en principal que dépend; non seulement en matière civile, mais aussi en matière criminelle (3), autrement on n'est pas tenu procéder

(1) Voyez notamment les lois saxonnes de Kanut, titre 32 et 37. — Lois de Henri Ier, chap. 65. — Traité de Breacton et Institutes de Litlleton, livre II, chap, II § 198.

(2) Bacquet, Droict d'aubeine, seconde partie, chap. XVI.

(3) L'opinion de cet auteur relativement à la caution *judicatum solvi* à fournir *au criminel*, me paraît trop absolue, nous avons en effet bien des anciens arrêts qui disent le contraire de l'arrêt en matière criminelle, donné à la Tournelle, le 7 août 1563.

ny contester avec lui. » La caution *judicatum solvi*
n'est due par l'aubain que lorsqu'il est *demandeur* :
On avait voulu, à un certain moment, l'exiger
aussi du défendeur, mais les Parlements s'y refusèrent (arrêt du 15 février 1581, du 28 avril 1698),
parce que c'eut été contraire au droit de la défense.
La caution *judicatum solvi* doit être fournie *in
limine litis*, sauf si l'étranger n'est reconnu tel que
plus tard. Elle peut être demandée, soit en instance,
soit en appel; le défendeur de première instance
qui, en appel, devient demandeur, ne peut être
obligé de la fournir (1).

On comprend facilement la raison qui faisait que
l'étranger était astreint à fournir la caution *judicatum solvi*; il y a là une idée de protection pour les
Français qu'on craint d'exposer, sans défense, à la
mauvaise foi de gens (2) qui, ne redoutent pas les
procès, parce que la plupart du temps ils ne possèdent rien en France, et que sans ce moyen les
jugements obtenus seraient illusoires et sans effet.
Aussi admettait-on, au dire de Pothier, que l'aubain
qui possédait des immeubles en France, ne devait
pas la caution. Disons aussi tout de suite que la
caution n'était pas exigée en matière commerciale,

______

(1) V. Pothier (Edition Rogron et Firbach), page 8.

(2) « Il y a pour le jourd'hui grande multitude d'estrangers
en France, *quorum fides valdè suspecta est,* et qui plaident
hardiment contre les Français. » Bacquet (2ᵉ partie, chapitre
XVI).

qu'elle ne l'était pas non plus dans les procès pour cause d'aliments.

La caution doit répondre de la condamnation principale, et encore des dépens de première instance, et de ceux d'appel, et des dommages et intérêts s'il y a lieu.

Les anciens auteurs posent la question de savoir, si la caution de payer le jugé, est de l'amende du frivol appel, qui est de soixante livres parisis? Pothier admet la négative. « La caution, dit-il, ne s'oblige qu'avec le défendeur; elle ne contracte qu'avec lui; elle ne peut donc être tenue que des condamnations qui interviennent à son profit; mais l'amende prononcée contre l'appelant n'est pas à son profit, elle appartient au fisc : la caution n'en peut donc pas être tenue. (1) » Bacquet est également pour la négative et il cite à l'appui de son opinion une sentence de messieurs du Trésor, du 17 décembre 1575, dans un procès entre maître Pierre Dapestiguy, receveur des amendes de la cour de Parlement et Nicolas de Creil, marchand bourgeois de Paris. »

Deux étrangers plaidant ensemble devaient bailler respectivement caution. « (2) Si ce sont deux étrangers demeurans en France qui plaident l'un contre l'autre, et soient respectivement demandeurs,

(1) Pothier, eod. loco.
(2) Bacquet, 2e partie, chap. XVI, § 2.

C

ils seront condamnez bailler respectivement caution l'un à l'autre, de l'événement du procès et de payer le jugé, tant pour le principal que despens. » (Arrêt du 25 août 1571 entre Anthoine Wast Portugais, et Emmanuel Darajon, aussi Portugais, demeurant à Paris.). Cela est étrange, mais cependant c'était la jurisprudence. Pothier va plus loin encore dans son *Traité des personnes* où il dit en parlant de la caution *judicatum solvi* : « Lorsque deux étrangers plaident ensemble, si le défendeur l'exige du demandeur, il ne peut l'y faire condamner, qu'il ne l'offre respectivement de son côté.

Que la caution *judicatum solvi* dont nous venons de nous occuper n'ait pas une origine romaine, on n'en peut douter : toutefois les vieux auteurs n'étaient pas de cette opinion, ils croyaient naïvement, à l'existence d'une institution de cette nature, à Rome, pour le cas que nous étudiions tout à l'heure. Ils n'avaient pas vu, ou n'avaient pas voulu voir, que la caution *judicatum solvi*, en droit romain, était demandé, au défendeur dans des hypothèses bien différentes ; à cela rien d'étonnant, c'était le temps, où selon la parole de Montesquieu, (1) « on rapprochait des choses qui n'avaient jamais de rapport, et qui souvent étaient contradictoires. »

4° *De la contrainte par corps.* Relativement à la contrainte par corps, l'aubain fut tout d'abord, dans une situation identique à celle du régnicole. Avant

(1) Esprit des lois, livre XXVIII, chap. XXXVIII.

l'année 1304, toutes condamnations, même les condamnations civiles, entraînaient après elles, la contrainte par corps. Après 1304, on voit apparaître un autre principe : celui-là seul pourra être atteint par la contrainte par corps, qui s'y sera soumis; en fait, on s'y soumettait toujours, et l'aubain était encore, à cette époque, traité comme l'était le Français lui-même; mais bientôt, vient l'ordonnance de 1667, qui abroge la contrainte par corps, en matière civile, pour les Français, et la maintient à l'égard des aubains, « avec raison, dit Pothier (1), puisque cette contrainte rigoureuse est presque la seule voie, que les créanciers puissent avoir contre les débiteurs étrangers, pour les forcer au payement, si l'on considère, qu'ils n'ont pas pour l'ordinaire de biens immeubles situés dans le Royaume, et qu'ils peuvent facilement en retirer tout ce qu'ils ont en meubles ou en effets mobiliers. » C'est toujours la crainte qu'a le législateur de voir les régnicoles trompés par les étrangers. Bacquet (2) le dit d'une façon très-nette et très-originale, « *autrement l'estranger pourroit à son advantage succer le sang et la mouëlle des Français, puis les payer en faillites* » : d'autres auteurs invoquent pour donner raison de la différence que fait l'ordonnance entre les aubains et les régnicoles la maxime brutale « *Ergò solvat, si non in ære, saltem in cute* ».

(1) Traité des Personnes, titre II, section II, page 8.
(2) Droict d'aubeine, 2ᵉ partie, chap. xvi, § 8.

Je disais, que l'ordonnance de 1667 maintenait la contrainte par corps à l'égard des aubains : à vrai dire, cette ordonnance ne parle pas des étrangers, elle ne fait que restreindre l'application de la contrainte par corps à certains cas déterminés, et ce fut la jurisprudence qui arriva à faire admettre, que cette ordonnance avait voulu créer pour les régnicoles un privilége qui devait être refusé aux aubains.

Disons maintenant que l'étranger n'est reçu à faire *cession de biens* en France. C'est ce que nous indiquent Pothier et Bacquet. « Il (1) y a cette différence entre le régnicole et l'étranger, dit le premier de ces auteurs, que l'un est admis au bénéfice de cession et que l'autre ne l'est pas. » Et le second : « (2) et ne les reçoit-on à faire cession de biens, combien que le Régnicole y soit receu, suivant la disposition du droict notoire et vulgaire, et ce par arrest donné *ès plaidoiries d'après disner*, le douzième May mil-cinq-cent-soixante-cinq, entre un estranger natif de Lubec près Dannemarc. »

Nous allons maintenant aborder l'étude du Code Napoléon, après avoir examiné, sous le *droit intermédiaire*, la situation des étrangers en France.

(1) Pothier, eod. loco. (Ord. de 1673, art. 2, titre x.)
(2) Bacquet eod. loco.

CHAPITRE CINQUIÈME.

DROIT INTERMÉDIAIRE.

Nous sommes arrivés à l'année 1789 ; guidés par des sentiments de philanthropie, rêvant la fraternisation universelle, pensant avec Jean-Jacques Rousseau, « que les peuples, doivent se lier, non par des traités de guerre, mais par des bienfaits », que le législateur doit s'appliquer à les unir en faisant tomber les odieuses distinctions de régnicoles et d'étrangers, les législateurs de cette époque, voulurent « effacer ces malheureux droits d'aubaine et de détraction comme autant de restes d'une nouvelle barbarie ; » et le 6 août 1790 fut rendu le décret suivant : « *L'assemblée nationale, considé-*
» rant que le droit d'aubaine est contraire aux
» principes de fraternité qui doivent lier tous les
» hommes, quels que soient leur pays et leur gou-
» vernement ; que ce droit établi dans des temps
» barbares, doit être proscrit chez un peuple qui
» a fondé sa Constitution sur les droits de l'homme
» et du citoyen, et que la France libre doit ouvrir
» son sein à tous les peuples de la terre, en les

» invitant à jouir sous un gouvernement libre des
» droits sacrés et inviolables de l'humanité, à
» décrété : »

« LE DROIT D'AUBAINE ET CELUI DE DÉTRACTION
SONT ABOLIS POUR TOUJOURS. »

Bientôt un second décret fut rendu, à la date du
8 *avril* 1791 ; on était, en effet, en discussion, sur
la question de savoir, ce qu'avait entendu faire l'Assemblée nationale ? Qu'avait-elle voulu supprimer ?
qu'avait-elle voulu laisser subsister ? Elle n'avait, à
mon sens, fait disparaître que l'incapacité pour
l'aubain, de transmettre sa succession, en l'absence d'hoirs procréés de son corps et français, à
toutes autres personnes ; toutes les autres règles
qui lui étaient applicables continuaient de subsister.
Aussi dans le décret dont nous parlons, on va plus
loin dans la voie des concessions. « Les citoyens,
quoiqu'établis hors du royaume, sont capables de
recueillir en France les successions de leurs parents,
même Français ; ils pourront de même recevoir et
disposer par tous les moyens qui seront autorisés
par la loi. » Bientôt, le 13 *avril* 1791, on proclama
que dans les colonies françaises, on devrait mettre
immédiatement en vigueur, le décret de 1790, relatif
à la transmission de la succession des étrangers.

Il importe aussi de signaler dans l'histoire de la condition civile de l'étranger, *sous le droit intermédiaire*, la loi *du 9 mars 1793*, par laquelle la Convention fit disparaître la contrainte par corps pour dettes civiles, sans distinction aucune, entre étrangers et Français.

Bientôt cependant, et ainsi qu'il arrivait souvent dans cette période, à la date *du 24 ventôse de l'an V*, la loi abolitive de la contrainte par corps disparut ; on s'était aperçu, en effet, des funestes conséquences d'un état de choses, auquel personne n'avait eu le temps de se préparer. Désormais, « *les obligations contractées postérieurement à la promulgation de la présente loi, et pour le défaut d'acquittement desquelles les lois antérieures prononçaient la contrainte par corps, y seront assujéties comme par le passé.* » Ainsi donc les étrangers redeviennent contraignables par corps ; mais j'estime qu'ils sont sur le pied d'égalité avec *les républicoles*, et qu'ils ne peuvent être soumis à la contrainte par corps, que lorsque ces derniers peuvent eux-mêmes y être assujétis. Quelque temps après intervient une nouvelle loi le 15 *germinal an VI*, qui s'occupe de réglementer en détail la matière que nous étudions, sans modifier les principes établis par la *loi du 4 ventôse de l'an V* ; puis, un peu plus tard, une loi du 4 *floréal an VI* relative « *aux engagements de commerce entre Français et étrangers* ». Doit-on admettre, qu'après cette loi, l'étranger en matière civile, reste sur le pied d'égalité avec le Français, sous l'application des lois que nous venons de citer : ou bien dirons-nous, que cette loi nouvelle est appelée à régler des intérêts civils et des intérêts commerciaux. Il y a divergence entre les auteurs qui ont examiné la loi de *floréal an VI*. Je pense pour ma part, que cette loi, n'entend régir que les matières commerciales, et que pour les matières civiles, c'est aux lois de *l'an V* et de *l'an VI* qu'il faut toujours s'en rapporter ; il suffit pour s'en convaincre, de lire l'intitulé et le préambule de la loi.

On ne pouvait penser à admettre les étrangers à la jouissance des *droits politiques :* « la (1) philanthropie, en ce point, devait céder à la raison, et au désir inquiet que l'on avait de ne confier qu'à de bons citoyens, une part quelconque de la puissance publique. » Les étrangers donc, sous l'empire des lois révolutionnaires, n'eurent jamais la possibilité d'arriver à la jouissance des droits politiques.

Quant aux lois de police et de sûreté, les étrangers par le fait de leur présence sur le territoire français, y sont astreints.

Signalons enfin l'existence d'une *loi du 28 vendémiaire an VI*, qui donne à l'autorité administrative, pouvoir d'expulser tout étranger, s'il est reconnu, pouvant par sa présence, être un obstacle à la tranquillité publique.

(1) Demangeat. Histoire de la condition civile des Etrangers en France, page 246.

CHAPITRE SIXIÈME.

CODE NAPOLÉON.

Nous diviserons ainsi notre sujet :

Section Ire. De la capacité de l'étranger quant au droit public.

Section II. De la capacité de l'étranger quant au droit civil.

Section III. Théorie des statuts réels et personnels, conflit entre la loi française et la loi étrangère.

Section IV. Des règles de Procédure.

SECTION I.

De la capacité de l'étranger quant au droit public.

Le droit constitutionnel se compose de deux espèces de règles : les unes sont relatives à l'organisation de la puissance publique dans tel pays déterminé, et à la participation à cette puissance publique, de telles personnes déterminées; les autres sont relatives à la mise en activité des facultés physiques ou intellectuelles des personnes; elles sont destinées à régler dans une juste mesure ces facultés, en sauvegardant les droits de la société, et les droits des particuliers. Les premières s'occupent des *droits politiques*, les secondes des *droits publics*.

Cette distinction entre les *droits politiques* d'une part, et les *droits publics* d'autre part, était utile à signaler. Les étrangers, en effet, se voient refuser *tous droits politiques*, ils ont au contraire pleine capacité quant aux *droits publics* (1).

LES ÉTRANGERS N'ONT AUCUNE PARTICIPATION AUX DROITS POLITIQUES.

Ils ne peuvent être ni électeurs, ni éligibles; la loi a pensé avec raison que les citoyens seuls devaient jouir de ces droits. Cependant l'étranger trouve dans la loi un moyen d'arriver à la possession de ces

(1) Demangeat, Hist. de la condition civile des étrangers en France, page 246.

droits, je veux parler de la naturalisation (1). L'étranger naturalisé devient, en effet, aux yeux du législateur, l'égal du Français, et il est présumé après avoir accompli les formalités légales qui lui donnent la qualité de citoyen, animé du même désir que lui, d'employer tous ses efforts à assurer l'honneur et la gloire de la France.

L'étranger ne peut être juge, il ne peut être juré ; il lui est interdit d'être témoin dans un acte notarié. Ainsi nous pouvons citer comme exemple l'article 980, C. N. en matière de testament : « Les témoins appelés pour être présents aux testaments devront être mâles, majeurs, *sujets de l'Empereur*, jouissant des droits civils. » Il ne peut non plus être témoin dans une saisie (art. 535 C. Pr civile). Il pourrait l'être au contraire dans un acte de l'état civil (art. 37, C. N.) ; on exige dans ce cas que les témoins soient du sexe masculin, âgés de 21 ans, et c'est tout ; le législateur a été guidé ici par le désir de faciliter la rédaction de ces actes importants, qui doivent être faits dans un délai très court. L'étranger peut être

____

(1) *Loi du 29 juin 1867 art. 1er*. L'étranger qui après l'âge de 21 ans accomplis a, conformément à l'article 13 du Code Napoléon obtenu l'autorisation d'établir son domicile en France, et y a résidé pendant 3 années, *peut être admis à jouir de tous les droits de citoyen français.* » *La loi du 3 décembre 1849*, art, 1er, disait au contraire : « L'étranger naturalisé *ne jouira du droit d'éligibilité à l'Assemblée nationale qu'en vertu d'une loi.* »

arbitre (1), il peut également être expert. Il ne peut être notaire, greffier, commissaire-priseur, huissier. On discute la question de savoir si l'étranger est capable d'être avocat en France ? Les uns pensent que muni du diplôme de licencié en droit, il doit, comme le Français, être admis à prêter le serment professionnel, et à plaider. D'autres pensent le contraire (2), en s'appuyant sur cette raison, qu'exceptionnellement, l'avocat peut être appelé à siéger en qualité de juge, et à exercer ainsi une fonction publique. Les cours reçoivent assez généralement le serment des licenciés en droit étrangers, mais les conseils de l'ordre des avocats, s'opposent à l'admission au stage (3).

L'étranger ne peut être admis à exercer en France des fonctions ecclésiastiques ; il ne peut être reçu à porter les armes pour la France.

(1) La loi du 17 juillet 1856 a supprimé les arbitres forcés.

(2) V. notamment Merlin. Répertoire. V° Etranger, partie I, n° 3. — Dupin. Lettres sur la profession d'avocat ; et pour l'ancien Droit, Pothier. Traité des personnes, titre II, section II, page 7 (édition Rogron et Firbach).

(3) En ce sens, décision du 6 février 1830, du conseil de l'ordre des avocats de Grenoble. V. aussi Liouville (de la profession d'avocat), page 334, qui rapporte un projet de réglement présenté à M. Barthe, garde des sceaux (1833) posant le principe dans son article 9. V. aussi Mollot, pour le conseil de l'ordre des avocats à la Cour de Paris. V. aussi décision du conseil de l'ordre des avocats de Marseille du 12 août 1840.

Ils sont sur ce point, sur le pied d'égalité avec les Français, ils ont les mêmes droits, et les mêmes devoirs. Comme eux ils sont protégés par le principe de l'égalité civile, en ce qui touche la contribution égale de tous aux impôts, servitudes d'utilité publique, etc., et en ce qui touche l'application des mêmes règles juridiques, aux affaires de même nature.

En principe, ils sont régis, notamment, en matière pénale, par les mêmes lois que les régnicoles. L'article 3 C. N. dit que « les lois de police et de sûreté obligent tous ceux qui habitent le territoire. » Les citoyens sont protégés par nos lois, ils tombent sous l'application de ces mêmes lois. « C'est, dit l'auteur des *Pandectes françaises* (1), un principe de la raison naturelle. Un étranger qui est chez moi doit se conformer à la règle que j'ai établie dans ma maison. Il en est de même à l'égard de la grande famille. On est, quant à la police, soumis aux lois du pays où l'on se trouve, par le seul fait de sa présence dans ce pays; et comme ces lois protègent l'étranger, elles le punissent s'il les viole. C'est une règle du droit primitif des nations, parce qu'elle dérive des principes primordiaux de l'équité natu-

____

(1) Les Pandectes françaises, tome I, p. 420.

relle. » Portalis dit aussi dans son Exposé des motifs : « Un étranger devient le sujet *casuel* de la loi du pays dans lequel il passe, ou dans lequel il réside. Dans le cours de son voyage, ou pendant le temps plus ou moins long de sa résidence, il est protégé par cette loi; il doit donc la respecter à son tour; l'hospitalité qu'on lui donne appelle et force sa reconnaissance. »

Exceptionnellement (et cela est très remarquable), en vertu de l'article 7 du Code d'instruction criminelle, et depuis la loi du 27 *juin* 1866, il y a un cas où un étranger peut être poursuivi en France, à raison d'un crime par lui commis en pays étranger; mais c'est le seul cas où il en peut être ainsi; en toute autre hypothèse, il ne pourrait y avoir lieu qu'à l'extradition du coupable, au profit de la nation à laquelle il appartient. Je veux parler de l'étranger « qui hors du territoire de la France, se sera rendu coupable, soit comme auteur, soit comme complice, d'un crime attentatoire à la sûreté de l'Etat, ou de contrefaçon du sceau de l'Etat, de monnaies nationales ayant cours, de papiers nationaux, de billets de banque autorisés par la loi, pourra être poursuivi et jugé d'après les dispositions des lois françaises, s'il est arrêté en France, ou si le gouvernement obtient son extradition. » Cet article a été apprécié et commenté au Corps législatif par M. Nogent-Saint-Laurens (1),

______

(1) V. Dalloz périodique, année 1866, 4ᵉ partie, p. 80.

rapporteur de la commission, qui rend ainsi raison de son existence : « L'article 7 proclame le droit de poursuivre et de punir l'étranger qui, à l'étranger, a contrefait la monnaie française, ou les billets de banque autorisés par la loi française. Cette disposition est sage et tutélaire. Nous l'avons déjà dit : l'intérêt général, le crédit de l'Etat, sont vivement intéressés à ne faire aucune restriction dans la poursuite des crimes de fausse monnaie, que notre Code pénal a placés avec raison dans le chapitre des crimes et délits contre la paix publique, Ainsi, pour la fausse monnaie, l'étranger ne sera protégé ni par sa qualité d'étranger, ni par cette circonstance que la fabrication où l'émission de la fausse monnaie auraient eu lieu à l'étranger. Le préjudice social qu'il cause par son crime, le rend indigne de toute exception qui lui soit profitable. Du reste l'article 134, C. P., punit la contrefaçon ou l'émission des *monnaies étrangères*, commise en France. Il est bien juste que la France fasse pour elle ce qu'elle fait pour les nations étrangères. Ainsi nous ne punissons pas, pour les crimes ordinaires, l'étranger qui a commis un crime à l'étranger et qui s'est réfugié en France, ce cas est celui de l'extradition au profit de la nation à laquelle appartient l'étranger. Mais nous punissons exceptionnellement l'étranger qui a commis, à l'étranger, un fait troublant la paix publique en France. » Il est vraiment regrettable que la loi nouvelle n'ait pas été plus loin, et n'ait pas permis de punir en France, l'étranger coupable d'un crime ordinaire, commis à l'étranger contre un Français.

Hors le cas dont je viens de parler, l'étranger ne peut être poursuivi en France, lors même qu'il aurait des complices français justiciables des tribunaux de France (1).

L'étranger condamné ou acquitté par les tribunaux de son pays, pour un crime qu'il a commis en France contre un Français, peut, malgré cette condamnation ou cet acquittement, être poursuivi à nouveau en France pour le même crime (2).

L'ancien article 7 du code d'Instruction criminelle permettait de poursuivre et de juger, à son retour en France, le Français, qui s'était rendu coupable hors du territoire de l'Empire d'un crime *contre un Français*, et qui n'avait été ni poursuivi ni jugé en pays étranger, si le Français offensé portait plainte contre lui. Aujourd'hui le nouvel article 5 ne distingue plus *selon que le crime a été commis contre un Français ou contre un étranger;* il est général.

(1) Colmar, 22 janvier 1864. J. M. Publ., tome 7, page 206. Rauter, Droit criminel, tome I, n° 54, et encore Fœlix, Droit international privé, n° 540. Dutruc, J. du M. P. t. vii, p. 207, et Trébutien, Cours de droit criminel, tome 2, p. 132.

(2) Amiens, 17 mai 1862. (Sirey, 1862, 2, 563.) (P. 63, 374.) (D. P. 62, 2, 152.) Metz, 19 juillet 1859. (S. V. 1859, 2, 641.) (P. 59, 989.) Cassation, 21 mars 1862. (S. V. 1862, 1, 841.).

L'arrestation d'un étranger prévenu d'un crime grave et public peut être faite provisoirement, en attendant l'accomplissement des formes diplomatiques, sur le vu du mandat d'arrêt ou de l'ordonnance de prise de corps, décernée par le juge compétent (1).

Lorsqu'un étranger a commis un crime en France et y a été condamné par contumace, si la puissance à laquelle il appartient réclame les pièces de la procédure pour le faire juger chez elle à raison du même fait, il y a lieu de les lui adresser (2).

D'après les articles 7, 8 et 9 de la loi *du 3 décembre 1849, sur la naturalisation et le séjour des étrangers en France,* le ministre de l'Intérieur a droit, par mesure de police, d'enjoindre à tout étranger qui voyage ou réside en France, de sortir immédiatement du territoire, et il doit le faire conduire à la frontière. Il a le même droit à l'égard de l'étranger qui a l'autorisation d'établir son domicile en France. Le Préfet a le même droit, dans les départements frontières, à l'égard de l'étranger non résidant, sauf à en prévenir immédiatement le ministre de l'Intérieur. Si l'étranger ainsi expulsé, revenait en France, il serait condamné à un emprisonnement d'un mois à six mois, et reconduit à la

____

(1) Circ. du 20 mai 1823, du 8 avril 1841. Recueil de M. Gillet et Demoly.

(2) Circ. du 10 août 1825, eod. loco.

frontière, après expiration de la peine ; on pourrait cependant appliquer les dispositions de l'article 463 du Code Pénal. Il faut mentionner aussi l'article 272 du Code Pénal, relatif aux vagabonds étrangers. Un tribunal correctionnel, ne peut sans commettre un excès de pouvoir, ordonner qu'un vagabond étranger, sera, après avoir subi sa peine, conduit hors du territoire de l'Empire, l'administration a seule le droit d'ordonner cette mesure (1).

Nous disions tout à l'heure qu'en principe, les mêmes lois étaient appliquées aux étrangers et aux français, en matière de crimes, délits et contraventions : nous devons maintenant signaler quelques exceptions. Ainsi, l'article 55 du Code Pénal, modifie la pénalité qu'il prononce, suivant qu'il s'agit d'un français ou d'un étranger. S'agit-il d'un français, quand il y aura lieu de prononcer la dégradation civique, comme peine principale, elle *pourra* être accompagnée d'un emprisonnement dont la durée, fixée par l'arrêt de condamnation, n'excédera pas cinq ans. S'agit-il au contraire d'un étranger, la peine de l'emprisonnement *devra* toujours être prononcée. Citons aussi comme exception à la règle générale l'article 272 du Code Pénal, spécial aux vagabonds étrangers, et qui en permettant de les expulser du territoire, est plus sévère envers eux, qu'envers les vagabonds français.

(1) Cassation, 9 septembre 1826, 18 juin 1837, 6 décembre 1832.

Voilà pour l'égalité civile. L'étranger jouit aussi, en France, de la liberté individuelle ; s'il y a des poursuites à exercer contre lui, s'il y a lieu de l'arrêter, il faut lui faire application des règles et des dispositions de la loi, comme aux français ; il doit être protégé comme le citoyen contre l'arbitraire. Il a, comme les nationaux, la liberté de conscience. Il est en possession de la liberté de la presse, en ce sens qu'il peut comme le Français écrire dans un journal, livrer au public ses idées politiques, mais il lui est interdit d'être gérant responsable (1) ; le législateur n'a pas voulu, qu'un journal soit représenté, par des gens susceptibles de disparaître à tous moments de France. Il peut revendiquer aussi le principe de la liberté d'enseignement. *L'article* 38 *de la loi du* 27 *mars* 1850, dit en effet : « Les étrangers peuvent être autorisés à ouvrir ou diriger des établissements d'instruction primaire ou secondaires, aux conditions déterminées par un règlement délibéré en conseil supérieur. » Ils ont aussi le droit de *sûreté*, qui leur assure la protection de l'Etat, pour leurs personnes, pour leurs propriétés, et leur permet de poursuivre le dommage qui leur serait fait sous l'un ou sur l'autre rapport ; il y a là une question d'intérêt public ; la société est gravement intéressée à ce que tous ceux qui habitent le territoire soient également protégés ; ils ont égale-

____

(1) Loi du 11 mai 1868, art. Ier.

ment ce qu'on appelle le droit de *bonne renommée* qui leur permet de poursuivre les paroles, écrits, ou actes qui porteraient atteinte à leur considération.

Quid du bénéfice résultant de l'article 2 du Code Napoléon, je veux parler de la non rétroactivité des lois ? Je pense avec M. Demangeat (1) qu'il n'y a pas lieu de distinguer pour son application entre le Français et l'étranger. Je dis avec le savant auteur, « que les lois françaises ne peuvent, en principe, avoir un effet rétroactif à l'égard de l'étranger, de même qu'elles ne peuvent, en principe, avoir un effet rétroactif à l'égard des Français ; ce qui veut dire que, lorsqu'il s'agira de faire l'application d'une loi nouvelle aux étrangers, le juge devra respecter les droits précédemment acquis par ceux-ci, les attentes très-fortes sur la réalisation desquelles ils avaient eu juste sujet de compter, en vertu de la loi ancienne, et qu'on ne pourrait détruire sans leur causer un préjudice. » On parle beaucoup de progrès, et d'améliorations, à l'époque où nous vivons ; méconnaître le principe dont nous parlons, ce serait oublier les idées de justice égale pour tous, et se laisser guider par un étroit sentiment d'égoïsme.

(1) Hist. de la condit. civile des Etrangers, page 308.

SECTION II.

De la capacité de l'étranger quant aux droits civils.

Nous arrivons à la question la plus controversée de la matière, je veux dire à l'article 11 du Code Napoléon. Nous allons étudier les différents systèmes proposés par les auteurs, et indiquer qu'elle est, sur ce point, notre opinion.

Mais avant d'examiner et de discuter les théories présentées, et pour plus de clarté, voyons ce que sont devenues, sous l'Empire du Code Napoléon, les incapacités qui frappaient les aubains dans l'ancien droit, et qui avaient disparu, avec le droit intermédiaire, comme nous l'avons indiqué plus haut.

A. DU DROIT D'AUBAINE SOUS LE CODE NAPOLÉON.

L'assemblée constituante avait supprimé, le 6 août 1790, le droit d'aubaine, sans peser les conséquences du nouvel état de choses qu'elle allait faire naître par ses décrets. Les peuples auxquels elle

avait ainsi fait le généreux abandon des vieux principes monarchiques qu'elle considérait, comme des
usurpations, restèrent, comme par le passé, hostiles
à ces idées nouvelles. Ils acceptèrent pour eux les
droits qui leur étaient concédés, mais ils ne levè-
rent pas les prohibitions rigoureuses qui, chez eux,
pesaient sur les Français. « Les nations, dit l'auteur
des *Pandectes françaises* (1), maintinrent tous leurs
principes sur le droit d'aubaine. Elles avaient ainsi
deux moyens, également fructueux, d'acquérir en
France, et, pour ainsi dire, de conquérir sur les
Français. C'était un grand mal. C'est ainsi que,
souvent, en croyant corriger un abus, sans faire
attention à ce qu'il a d'utile, et aux suites qui
résulteront de sa suppression, on donne lieu à des
inconvénients bien plus dangereux. »

Bientôt les législateurs pratiques vont venir prendre la place des théoriciens des premières assemblées républicaines ; frappés de ce qui se passe
autour d'eux, et désireux de faire cesser un pareil
état de choses, ils vont de nouveau porter leur
attention sur ces questions qu'on avait si longuement discutées. Il ne s'agira plus de savoir si ces
droits abolis sont des droits *barbares*, des droits
insensés. Ce qui frappe les jurisconsultes de 1804,
ce ne sont plus les idées philosophiques, mais bien
les idées utilitaires. Ils se sentent entraînés, par un

(1) Pandectes françaises, tome I, pages 134 et 135.

retour subit, vers des idées qu'on avait cru disparues pour jamais. Le droit d'aubaine se présente à eux, comme un principe dont on ne saurait contester la légitimité et la justice. « Le (1) droit d'aubaine n'est point un abus, écrivait-on en 1803 ; c'est une suite naturelle du principe constant que les étrangers ne sont point citoyens. Les traités qui en limitent les conséquences, sont des exceptions à une maxime juste et légitime. » C'est sous l'empire de ces idées que fut promulgué le Code Napoléon. On rétablit ces anciennes incapacités qui pesaient, avant la Révolution, sur les aubains, et on pose le principe de la *réciprocité diplomatique* (2).

L'article 11 dit, en effet : « l'étranger jouit en France des mêmes droits civils que ceux qui sont accordés aux Français par les traités de la nation à laquelle cet étranger appartient.

Et l'article 726 : « Un étranger n'est admis à succéder aux biens que son parent, étranger ou Français, possède dans le territoire du royaume, que dans les cas, et de la manière, dont un Français succède à son parent, possédant des biens dans le pays de cet étranger, conformément aux dispo-

(1) Pandectes françaises, cod. loco.

(2) Il faut qu'un *traité* soit intervenu entre les deux nations; il ne pourrait suffire, pour que l'étranger ait en France la jouissance des droits civils, que sa nation accorde aux Français ces mêmes droits civils, par sa loi particulière. « Il ne pouvait pas, en effet, dit Demolombe (tome I, page 364), dépendre des gouvernements étrangers d'accorder à leurs nationaux des droits civils français. »

sitions de l'article 11, *au titre de la jouissance et de la privation des droits civils.* »

Et l'art. 912. « On ne pourra disposer au profit d'un étranger, que dans le cas où cet étranger pour rait disposer au profit d'un Français. »

Ainsi sous l'empire du Code Napoléon, les étrangers sont frappés de la triple incapacité *d'acquérir par succession, par testament, ou par donation,* sauf réciprocité diplomatique.

Sous l'ancien droit, l'aubain était incapable *d'acquérir et de transmettre par succession légitime ou testamentaire, mais il lui était permis de faire des donations ou d'en recevoir.*

Le droit *d'aubaine* que le Code Napoléon ressuscitait ainsi, n'était donc plus le véritable droit *d'aubaine* connu avant 1789 ; il aggravait la position de l'étranger, en lui défendant d'acquérir par donation, car l'ancien droit, comme nous venons de le dire, déclarait sur ce point, l'étranger pleinement capable : il adoucissait, au contraire, sa position en un autre point. Dans l'ancien droit, *l'aubain* ne pouvait ni acquérir, ni transmettre par succession légitime ou testamentaire ; sous le Code Napoléon, il lui est seulement défendu d'acquérir ainsi, d'où l'on conclut justement par *a contrario,* qu'il peut transmettre par succession légitime ou testamentaire, ou par donation, au profit de ses parents français (1).

(1) En ce sens Mourlon, tome I, page 76. Demolombe, tome I, page 368. Demangeat, hist. de la cond. civ. des Etrangers, p. 287.

B. DU DROIT D'AUBAINE DEPUIS LA LOI DU 14 JUILLET 1819.

Les choses en restèrent là, jusqu'au 14 juillet 1819, époque à laquelle apparaît une loi nouvelle, qui va de nouveau s'occuper des incapacités dont nous parlons. Elle est composée de deux articles qui sont ainsi conçus :

Art. 1. Les articles 726 et 912 du Code civil sont abrogés : en conséquence, les étrangers auront le droit de succéder, de disposer et de recevoir de la même manière que les Français dans toute l'étendue du Royaume.

Art. 2. Dans le cas de partage d'une même succession entre des co-héritiers étrangers et français, ceux-ci prélèveront sur les biens situés en France, une portion égale à la valeur des biens situés en pays étranger dont ils seraient exclus, à quelque titre que ce soit, en vertu des lois et coutumes locales.

Si l'on s'en rapportait à l'intitulé de cette loi, on pourrait croire qu'elle est venue abolir les droits d'aubaine et de détraction. Cet intitulé est, en effet, ainsi formulé : « *de l'abrogation des droits d'aubaine et de détraction* ». Nous savons qu'il n'en est rien ; ce que cette loi a fait disparaître, c'est l'incapacité qui pesait sur les étrangers, quant aux successions légitimes, et aux successions testamentaires, et l'incapacité de recevoir des donations.

Comment expliquer ce retour aux idées de la Constituante ? Cette loi a-t-elle eu pour fondement, des idées philosophiques de fraternité universelle, comme celles de la période révolutionnaire ? Non. Elle a été inspirée aux législateurs de cette époque par des idées toutes différentes. A la suite des longues guerres de l'Empire, et après les désastres de l'année 1815, la France était épuisée, ses trésors étaient vides, le commerce et l'industrie étaient anéantis, faute de bras et d'argent. Placés sous la législation sévère du Code Napoléon, les étrangers à cause de l'incapacité de transmettre qui les frappait, se refusaient à venir en France, où ils auraient apporté avec eux la vie et la prospérité. Abolir cette législation, parut aux yeux de ceux qui déploraient un pareil état de choses, la manière la plus sûre de le faire cesser ; on fit donc la loi du 14 juillet 1819, dans un but intéressé, celui de faire rentrer en France, les capitaux dont on avait besoin, et qu'on ne trouvait plus.

Maintenant que nous avons achevé l'histoire du droit d'aubaine, passons immédiatement à l'article 11 du Code Napoléon qui présente de sérieuses difficultés d'interprétation, et qui divise les auteurs et la jurisprudence depuis si longtemps.

On se pose la question de savoir, si les étrangers, sont appelés à jouir des droits civils en France, seulement dans le cas où ces droits leur ont été concédés par un traité intervenu entre leur Gouvernement et le Gouvernement français ; ou bien, si, en l'absence de traité, ils ont la jouissance de tous les droits civils, que notre loi ne leur a retirés ni expressément, ni tacitement.

Examinons les systèmes proposés, nous indiquerons ensuite celui auquel nous croyons devoir nous rallier, et les raisons de notre préférence pour l'un plutôt que pour l'autre.

1er Système : *Les étrangers ne peuvent jouir en en France, que des droits civils qui leur sont concédés, soit par un traité passé entre leur Gouvernement et le Gouvernement français, soit par une disposition expresse ou tacite de la loi : en un mot l'incapacité est la règle, la capacité l'exception.*

Les partisans de ce système (1) s'appuient sur l'article 11. « L'étranger, dit cet article, jouira en France, des mêmes droits civils, que ceux qui sont ou seront accordés aux Français par les traités de la nation à laquelle cet étranger appartiendra. » Quoi de plus formel que l'article 11, il pose un principe général, et si on le rapproche de l'article 8, « tout Français jouira des droits civils, » il n'est pas possible d'hésiter un seul instant sur le sens qu'il faut lui don-

---

(1) Demolombe, tome I, page 362, n° 240. Marcadé, tome I, page 00, n° 129. — Dans le sens de cette opinion, V. un arrêt de cassation (14 août 1844). Dev. 1844. I. 186.

ner. On a voulu se mettre en désaccord avec les lois révolutionnaires, et on a pensé qu'admettre comme base du système nouveau, *la réciprocité diplomatique* était ce qu'il y avait de mieux à faire. « Lors de la rédaction du code civil, dit Marcadé, le peu d'effet qu'avait produit la générosité de l'Assemblée constituante, fit abandonner son système ; mais comme on ne voulait pas, non plus, consacrer le système tout contraire de l'ancien droit, on prit un sage milieu entre les extrêmes, et par une juste réciprocité, on posa en principe, dans notre article 11, non pas seulement, pour le droit de transmettre et de recueillir, mais pour tous les droits civils, en général, que chaque étranger jouirait en France de ceux de ces droits qui seraient accordés aux Français, dans le pays de cet étranger, d'après un traité passé avec sa nation. » En rédigeant les articles 726 et 912 aujourd'hui abolis, on a fait une application principale et importante assurément, mais pas unique et exclusive de l'article 11. Les étrangers ne sont donc capables de jouir des droits civils que s'il existe des traités.

On a reproché à ce système ses vues étroites et son exclusivisme. M. Demolombe estime au contraire que cette théorie se montre « très-large et très libérale. » D'après cet auteur, en effet, en dehors des traités, des dispositions législatives accordent, soit expressément, soit tacitement, des droits civils aux étrangers, droits qui sont nombreux et considérables.

C'est ainsi que le *décret de* 1808 (*article 3*), accorde aux étrangers le pouvoir d'acquérir des actions de la banque de France; c'est ainsi que le *décret du 11 avril* 1810, leur donne le droit d'obtenir des concessions de mines, c'est ainsi encore que le *décret du 5 février* 1810, et celui du 28 *mars* 1852, leur accordent le droit de propriété littéraire : que *la loi du 14 juillet* 1819, les met sur le pied d'égalité avec les Français, quant au droit de succéder, de recevoir et de disposer, etc., etc.

Le savant auteur admet que la concession des droits civils peut être *tacite;* ce qu'il faut entendre en ce sens que, « la concession d'une faculté principale peut emporter, comme conséquence virtuelle, la concession des droits civils, qui sont les moyens d'exercice de cette faculté principale. »

En parcourant les articles du Code Napoléon, nous en trouvons plusieurs concernant les étrangers. L'article 3 d'abord, puis les articles 14 et 15, qui leur donnent le droit de posséder en France, même des biens immeubles, d'être débiteurs et créanciers. M. Demolombe se demande alors « *qu'elle est, logiquement, raisonnablement, la conséquence virtuelle et directe de cette faculté principale?* Et il répond : « que c'est la concession de tous les droits civils, au moyen desquels la propriété des biens s'acquiert et se transmet, au moyen desquels les créances et les dettes se forment et s'éteignent.... comme aussi de tous les droits civils relatifs à la preuve des différentes causes, des différents événements, par lesquels la propriété est acquise ou aliénée, par lesquels les créances sont contractées ou éteintes. » (Art. 544, 902, 1123, 1316).

Il pense que ces principes sont applicables aux étrangers, il en conclut donc : « que la faculté principale qui leur est reconnue d'être propriétaires, créanciers et débiteurs, suppose, en eux, la faculté d'invoquer tous les moyens d'acquisition et d'aliénation, d'obligation et de libération, reconnus par la loi civile française, et qu'il faudra dès lors un texte spécial, une exclusion particulière pour leur refuser quelques-uns de ces droits. » Il leur accorde la prescription acquisitive et libératoire. Il ne pense pas que l'étranger puisse adopter ou être adopté, car la possibilité du mariage entre Français et étrangers, ne lui semble pas devoir, comme conséquence, entraîner la possibilité de l'adoption. Il n'admet pas qu'un étranger puisse être tuteur, ou membre d'un conseil de famille en France, parce qu'aucune loi ne lui accorde expressément ce droit, parce qu'il ne croit pas, que cette concession doive nécessairement résulter, de ce qu'il y ait possibilité de mariage, entre les Français et les étrangers.

Tel est, en résumé, le système proposé par M. Demolombe. On l'a attaqué, et on a cherché à établir qu'il était illogique, et qu'il reposait sur des arguments plus spécieux que vrais. Et en effet, dit-on, si l'on admet comme incontestable, en s'appuyant sur l'article 11, que les étrangers ne peuvent avoir la jouissance que des droits qui leur sont concédés, il n'est pas possible de soutenir qu'ils peuvent être propriétaires, créanciers, qu'ils peuvent se marier en France, etc; car si on objecte les articles 19, 15, 14, et 12, du Code Napoléon, il est facile de faire remarquer, que la question est précisément de savoir si les articles indiqués, existent, et doivent être suivis alors qu'il n'y a pas de traité; ou s'ils doivent au contraire, être considérés comme se rapportant à l'hypothèse de l'article 11. Pour être conforme aux vrais principes de la logique, il faudrait donc, que la théorie de M. Demolombe, basée sur l'article 11, qui pose un principe général, s'arrêtât dans ces conséquences, et ne permît à l'étranger de jouir des droits civils, que dans le cas seulement, où il existe des traités.

2e SYSTÈME. *En principe, les étrangers ont en France, la jouissance des mêmes droits civils que les Français; cependant et par exception, quelques droits civils sont particulièrement reservés à ces derniers. — Pour obtenir ces droits civils, les étrangers devront appartenir à une nation ayant un traité avec la France, leur en accordant la jouissance.*

Ce système (1) est tout à fait l'opposé du premier

____

(1) V. Demangeat, Hist. de la condition civile des étrangers en France (pages 254 et suiv.). Valette, traité des Pri-

que nous venons d'analyser. Soutenu avec une grande vigueur d'argumentation, par M. Demangeat en 1843, il a été suivi depuis par de nombreux auteurs. L'éminent magistrat proteste avec toute son énergie contre les vues étroites du premier système, il ne peut comprendre que l'article 11 vienne « poser une règle tellement absolue et générale qu'elle doive dominer, pour en exclure l'étranger, toutes les facultés qui constituent la vie civile, de manière à le mettre, tout d'abord, sur la même ligne que le mort civilement, et à ne lui abandonner, pour ainsi dire, que les droits nécessaires à la conservation de sa vie naturelle. »

Cette théorie se présente, à première vue, avec je ne sais quoi de séduisant ; elle repose sur des idées libérales et généreuses qui semblent devoir la faire accueillir, mais elle ne me paraît pas conforme aux vrais principes. Je pense avec MM. Aubry et Rau (2) « qu'elle est plutôt fondée sur des considérations philanthropiques à faire valoir à l'appui d'une réforme législative, que sur des arguments juridiques puisés dans la législation existante, et qu'elle ne tiendrait à rien moins, qu'à rayer du Code l'article 11, qui n'aurait plus aucun objet, si l'application devait en être subordonnée à des textes spéciaux. »

viléges et Hypothèques (pages 270 et suiv.), et surtout Explication sommaire du Livre I du Code Napoléon, (pages 407 et suiv.). Zachariæ, (I, § 77, in fine).

(2) Aubry et Rau, tome I, page 256, § 78.

D'après ce système, les étrangers devraient donc être, dans une position identique à celle des français, sauf pour certains droits limitativement déterminés. M. Demangeat pense que cela ressort des observations du tribunat, et de la présence dans le Code Napoléon des articles 14, 16, 912, 726. En effet, comment comprendre, que les législateurs se croient obligés, de leur refuser tels ou tels droits déterminés, si le principe est qu'ils sont privés de tous les droits civils? Comment comprendre, objectent encore les partisans de ce système, l'article 905 du Code de Procédure civile, qui vient refuser aux étrangers, le bénéfice de cession de biens; s'il était vrai que les étrangers n'ont pas la jouissance de tous les droits civils, en principe, à quoi bon cet article.

Les traités seront uniquement destinés à faire tomber les incapacités formellement reconnues dans tels ou tels articles déterminés, mais en l'absence de traités, les étrangers jouiront de tous les droits civils qu'une disposition expresse de la loi ne leur aura pas refusés.

En résumé donc d'après ce système, les étrangers ont :

1° La jouissance de tous les droits publics ;

2° Ils sont exclus de tous les droits politiques ;

3° Ils ont, en principe, pleine capacité quant aux droits civils. Il faut une disposition formelle de la loi, pour les priver d'un de ces droits.

C'est ce qui arrive dans les cas suivants :

1° D'après l'article 14, l'étranger ne peut invoquer la maxime « *actor sequitur forum rei.*

2° D'après l'article 16, il doit, quand il est demandeur, fournir la caution *judicatum solvi*, ce à quoi n'est pas tenu le Français.

3° En vertu des articles 726 et 912, il leur est défendu d'acquérir, par succession légitime, par testament, par donation. (Sans application depuis la *loi du 14 juillet* 1819, dont nous avons parlé plus haut.)

4° En vertu de l'article 905 du Code de Procédure civile, les étrangers sont privés du bénéfice de cession de biens.

5° Ils sont contraignables par corps alors que les Français ne le seraient pas eux-mêmes. (Loi du 17 avril 1832). Mais voir aujourd'hui la loi du 22 juin 1867.

6° Nous verrons dans la section suivante que c'est la loi étrangère qui les régira quant à leur capacité et leur état.

3ᵉ SYSTÈME. *Il faut distinguer les facultés de droit des gens et celles de droit civil. L'étranger a la jouissance de tous les droits qui ont leur origine dans le droit naturel, il est privé de ceux qui sont particuliers au droit national, au droit français, en dehors des cas prévus et des conditions requises par les articles 11 et 13.*

Cette opinion (1) professée par la majorité des auteurs et suivie par la jurisprudence, me paraît seule devoir être acceptée. Le système de M. Demangeat, me semble, comme je le disais tout à l'heure, avoir pour lui l'avenir, en cas de réforme législative sur ce point ; mais il est quant à présent impossible de l'admettre, il ne peut, en effet, se soutenir, en présence de l'article 11 qu'il tend à faire disparaître : avancer une pareille théorie, c'est faire la loi, ce n'est pas l'interpréter. Quant au premier système, il me paraît en désaccord, avec les travaux préparatoires, et avec les précédents de la question, et il a le tort très-grave, de ne renfermer, en lui-même, aucun moyen pratique de savoir, quels droits sont tacitement concédés aux étrangers. Avec ce système, disent MM. Aubry et Rau, « on se trouve réduit à errer dans le vague, ou à chercher dans un autre ordre d'idées la solution de la difficulté. »

La théorie que je soutiens, n'est pas nouvelle. Ainsi que je l'ai établi, dans l'étude que j'ai faite

(1) Aubry et Rau, tome 1, p. 289 et suiv. Massé et Vergé (sur Zachariæ, tome I, p. 77, note 7). Merlin, Répertoire, v°. Etranger, § 1, n°s 7 et 9 ; Quest., v. Propriété littéraire, § 2, note 2. Delvincourt, II, part.2, p. 639. Duranton, I, 189 et 168. Proudhon, I, p. 188 à 168. Taulier, I, pages 108 et 109. Vazeille. Des Prescriptions, I, 20 à 22. Troplong, De la Prescription, I. 38. Soloman, pages 44 à 67. Coin-Delisle, art. 8, n° I, art. II, n° 8. M. Jalabert, doyen de la Faculté de droit de Nancy, à son cours. Cassation, 9 ? novembre 1828 (D. 1826, I, 7.). Cassation, 7 juin 1826. (D. 1826, I, 299.)

de l'ancien droit Français, elle était suivie avant
1789, depuis que la vieille distinction romaine, entre
les facultés *de droit civil* et *de droit des gens,* avait
été remise en honneur par les légistes, désireux de
rendre au droit romain qu'ils étudiaient avec ardeur,
son vieux prestige, et de servir les prétentions
royales (1). Elle trouve donc sa raison d'être dans
les précédents historiques, et s'il est établi, qu'aujourd'hui, et avec le Code Napoléon, rien ne peut
empêcher de la suivre, il faudra s'y attacher, certain qu'on sera, en restant fidèle aux traditions du
passé, d'être dans la bonne voie, et d'interpréter
fidèlement la pensée du législateur. Or il résulte, à
n'en pas douter, des travaux préparatoires du Code,
que les rédacteurs n'ont pas voulu faire d'innova-
tions, et qu'ils s'en sont rapportés à l'ancienne distinction. C'est ainsi que Portalis disait dans son
Exposé général (2) *au Corps législatif,* le 3 frimaire an X: « *Nous traiterons les étrangers comme
ils nous traiteront eux-mêmes ; le principe de la
réciprocité sera, envers eux, la mesure de notre
conduite et de nos égards. Il est pourtant des
droits qui ne sont pas interdits aux étrangers : ces*

____

(1) Dans le sens de cette distinction dans l'ancien droit ;
Pothier, *des Personnes,* partie Ire, titre II, sect. 2 ; du Rous-
seau de la Combe. *Recueil de Jurisprudence,* v°. aubaine ;
Richer, *de la mort civile,* Livre II, chap. ii, sect. Ire. Dist.
I, § 3 ; Merlin, *répertoire,* v°. aubaine, n° 4.

(2) Locré. Législ. I, n° 13, page 330.

droits sont tous ceux qui appartiennent bien plus au Droit des gens qu'au Droit civil, et dont l'exercice ne pourrait être interrompu sans porter atteinte aux diverses relations qui existent entre les peuples. Le rapport (1) du tribun Siméon, à la séance du 25 frimaire, n'est pas moins formel dans le sens de notre opinion. On y rencontre ces paroles significatives ; « ce qui caractérise essentiellement le Droit civil, c'est d'être propre et particulier à un peuple, et de ne point se communiquer aux autres nations.... ; au contraire, les effets du droit naturel, se communiquent partout à l'étranger comme au citoyen. Pour en jouir, il n'est pas nécessaire d'être membre d'une certaine nation plutôt que d'une autre ; il suffit d'être homme.... Si les étrangers ne peuvent réclamer les droits qui naissent de la loi civile, tels que ceux des successions et des testaments, ils peuvent, tout comme les citoyens, exercer les actions qui descendent des contrats. C'est là le droit général. »

Mais on nous fait une objection. Vous voyez bien, dit-on, que les rédacteurs du Code Napoléon ne veulent plus de l'ancienne distinction , puisqu'on les voit dénier expressément aux étrangers le droit de faire des dispositions, et cela même par donation entre-vifs, en faveur d'autres étrangers, tandis qu'ils les autorisent d'une manière implicite à disposer en

(1) Locré, Législ. II, page 246 et 247, n° 8.

faveur des Français, même par testament. Loin de nous la pensée de nier ces dérogations, mais que signifient-elles contre nous ? Absolument rien. De ce qu'exceptionnellement, dans tels ou tels cas déterminés, on ait innové ; de ce que, sur un point en particulier, on ait laissé de côté les vieux principes, peut-on en conclure logiquement, qu'on ait voulu renoncer *complètement* à l'ancien système ? C'est impossible.

Un savant auteur (1) dit, en parlant de cette distinction qu'il critique, qu'elle a été mal à propos ressuscitée du Droit romain, par notre ancienne jurisprudence ; que toutes ces différences entre le *jus civile* et le *jus gentium*, ne sont plus conformes à nos lois et à nos mœurs actuelles ; et M. Demolombe (2) pense de même.

En admettant que cela soit, quelle conséquence en tirer contre notre opinion ? cela prouve-t-il qu'elle n'était pas dans la pensée du législateur ? Nullement. Du reste, ce reproche est-il fondé ? Est-il vrai de dire que le système basé sur la distinction entre les facultés du *droit des gens* et celles du *droit civil*, n'est pas en harmonie avec nos mœurs actuelles ? Non certainement. Nous croyons, au contraire, qu'il répond aux besoins des sociétés modernes. « Cette (1) objection serait fondée, disent MM.

(1) M. Valette sur Proudhon, (tome I, p. 172).
(2) Demolombe, tome I, n° 243, page 367.
(3) Aubry et Rau, tome I, page 261, § 78, note 18.

Aubry et Rau, si le droit des gens devait être pour nous, Français du dix-neuvième siècle, ce qu'il était pour les Romains, sectateurs du paganisme, ou pour nos ancêtres de féodale mémoire. Mais ce n'est point ainsi que nous le comprenons, ce n'est point ainsi que le comprirent les rédacteurs du Code. Dans notre pensée, le *droit des gens* n'est pas un droit *stationnaire*, mais un droit *essentiellement progressif*. L'expérience ne prouve-t-elle pas que les différentes législations civiles tendent incessamment à se rapprocher, et depuis la promulgation du Code Napoléon, ce travail n'a-t-il pas fait de sensibles progrès?.... Les rédacteurs du code, paraissent être partis de l'idée, que du jour où une institution, successivement admise par les différents peuples civilisés, se trouverait sanctionnée par le consentement unanime de tous, et serait ainsi devenue une institution de droit des gens, le principe de la réciprocité exigeait que les étrangers pussent invoquer en France, le bénéfice de cette institution, tout comme les Français seraient admis à le réclamer à l'étranger. Ils pensèrent que la barrière à opposer aux prétentions des étrangers ne devait pas être fixée d'une manière immuable par la législation, et qu'il fallait laisser à la jurisprudence et à la doctrine, la possibilité de la déplacer, suivant la marche progressive du droit des gens. (1) »

(1) En ce sens M. Jalabert, doyen de la Faculté de droit de Nancy, à son cours.

L'application de la distinction dont nous parlons, n'aura pas lieu :

1° Dans le cas où il existera un texte spécial se prononçant sur tel droit déterminé. (Loi du 14 juillet 1819), par exemple; (les anciennes théories sont désormais sans application); décret du 16 janvier 1808, art. 5; loi du 21 avril 1810, art. 13 (actions de la banque de France, concession de mines); décret du 3 février 1810, art. 40. Décret du 28 mars 1852 (propriété littéraire); loi du 5 juillet 1844, art. 27 à 29 (brevets d'invention). Article 905 du code de procédure civile relatif au bénéfice de cession de biens. Articles 13 et 102 du Code Napoléon, quant au domicile.

2° Dans le cas où le point de savoir si les étrangers auront tel ou tel droit déterminé, dépendra de celui de savoir quelle loi il faudra appliquer, la loi étrangère où la loi française?

Tel est le système auquel nous croyons devoir nous arrêter.

Il s'applique à ce que j'appelle *l'étranger ordinaire;* pour *l'étranger privilégié, autorisé à établir son domicile en France*, il y a un article spécial, l'article 13 ainsi conçu : « L'étranger qui aura été admis par l'autorisation de l'Empereur à établir un domicile en France, *y jouira de tous les droits civils,* tant qu'il continuera d'y résider (1). »

(1) Nous ne nous occuperons pas de la naturalisation, de la manière d'acquérir la qualité de Français ; cela ne rentre

SECTION III.

Théorie du statut réel et personnel,

CONFLIT ENTRE LA LOI FRANÇAISE ET LA LOI ÉTRANGÈRE.

Nous savons que la France était composée, autrefois, d'une quantité de provinces, qui toutes étaient régies par des coutumes particulières ; lorsque les rapports devinrent fréquents, entre ces provinces, il fallut nécessairement, et par la force même des choses, arriver à des règles invariables, destinées à régler le conflit entre les différentes coutumes.

L'année 1789 vit se réaliser l'unité de législation « que tant de jurisconsultes avaient entrevue comme une terre promise dans laquelle ils ne devaient jamais entrer. » Le conflit, désormais, n'existera plus entre Français habitant deux provinces françaises différentes, mais entre Français et étrangers. Le législateur de 1804 n'a presque rien dit de cette question si débattue du xvie au xviiie siècle ; aussi nous sommes en face des mêmes controverses, en face des mêmes questions qui se rencontrent à chaque pas, dans le droit international privé.

pas dans notre sujet, nous nous demandons, en effet, qu'elle est la condition de l'*étranger*, en France, pendant qu'il est *étranger.*

Etudions les différents systèmes sur la théorie des statuts réels et personnels dans l'ancien Droit.

1° *Théorie de Dumoulin.*

Bartole, Balde, Burgundus, Mazuer distinguent déjà le *statutum reale*, et le *statutum personale*. Mais c'est Dumoulin qui le premier, au xvi° siècle, à propos de la première constitution de Justinien (*de Sanctâ Trinitate et de fide catholicâ*) sur laquelle les commentateurs et les romanistes s'étaient demandés ce qu'était, « *l'imperium clementiæ nostræ,* » dont parle l'Empereur, professe une théorie sur les statuts réels et personnels. Il importe de la résumer; car elle est celle du plus grand jurisconsulte du xvi° siècle.

Il distingue deux classes particulières de lois : 1° *Les lois sur la forme des actes.* 2° *Les lois sur l'exécution des actes et des jugements.* Pour les premières, il applique la règle connue « *locus regit actum ;* » on doit s'en référer à la *consuetudo loci ubi actus celebratur.* Quant aux secondes, il applique les lois du pays où ces actes ont été faits.

Il distingue en outre : 1° *les lois statuant sur des choses qui dépendent de la volonté de l'homme.* Sur ce point, il présente une règle rationnelle, les parties conservent une liberté très-grande; dans ce cas, il faut rechercher, et cela suffit, qu'elle a été leur intention. Il donne, comme exemple, une vente faite à tant la mesure; les parties ont voulu s'en référer pour la mesure à la loi du lieu, où la tradition doit être faite. Dans sa consultation 53 pour les héritiers de la veuve Ganet, il se demande ce qu'il y aura lieu de faire, s'il n'y a pas de conventions matrimoniales. Il faudra consulter l'intention des parties, leur volonté présumée, pour déterminer quel régime matrimonial devra les régir; s'ils n'ont rien dit, il faudra appliquer la loi du domicile matrimonial, et le changement de domicile après le mariage ne fera rien sur les conventions matrimoniales précédemment faites.

Il distingue en outre : 2° *les lois régissant souverainement un rapport de droit, en dehors de la volonté des parties.* On est alors en présence du *statut réel*, et du *statut personnel;* le premier renfermé dans le territoire, le second suivant la personne. Mais comment distinguer la loi personnelle et la loi réelle? On avait proposé de dire telle loi, commençant par tel mot, *si quis* par exemple, sera personnelle; telle autre, commençant par tel autre mot, *si rem* par exemple, sera réelle. On s'est moqué avec raison d'un pareil moyen. Pour arriver à une distinction sérieuse, il faut aller au fond des choses. Le statut réel règle principalement *les choses*, c'est-à-dire dans le vieux langage les *immeubles*. L'autre s'occupe spécialement *des personnes* (puissance paternelle, minorité, tutelle, émancipation.) Jusqu'ici Dumoulin est logique, sa théorie est conforme à la nature des choses. Mais que penser de l'opinion suivante qu'il émet? Elle a été à mon avis critiqué avec raison. Un mineur de vingt-cinq ans, dit-il, est incapable, sans l'intervention du tribunal, de disposer de ses immeubles en Bretagne; il a d'autres immeubles dans le Midi, où à l'âge de quatorze ans, on est pubère. Que faire? Il y a là évidemment une question de statut personnel. Ce n'est pas ce que croit le savant jurisconsulte, et il pense que le mineur peut disposer de ces immeubles du Midi, quoique n'ayant pas atteint l'âge de vingt-cinq ans. Cela n'est pas admissible. Il cite aussi d'autres exemples où il admet qu'il y a une question de statut personnel, tout en ne voulant pas que le statut suive la personne. Lorsque le statut personnel établit une disposition exhorbitante du droit commun, Dumoulin, tout en admettant la personnalité du statut, résout la question, comme s'il était en présence du statut réel; il y a là une règle arbitraire, on n'a pas un *criterium* bien établi sur lequel on puisse fonder une opinion incontestable. Je ne voudrais pas m'écarter du respect si légitimement dû à ce grand génie; mais il importe de juger son système. Au premier abord, il propose une distinction excellente, équitable, rationnelle; mais lorsqu'il en vient à l'application des règles de statut personnel, il dit des choses qui me paraissent complétement inadmissibles.

En résumé, Dumoulin estimait, qu'il faut restreindre telle ou telle disposition suivant qu'elle est favorable ou défavorable ; mais je ne l'approuve pas en cela, car il se donne trop de latitude, pour faire exception aux règles qu'il avait établies.

2° *Système de d'Argentré.*

On oppose le système de d'Argentré, à celui de Dumoulin. Ce dernier présente une division *bipartite* des statuts, l'autre, au contraire, une division *tripartite* (1). Pour le commentateur de la coutume de Bretagne, le statut personnel est celui qui régit d'une manière générale, l'état et la capacité des personnes, le statut réel est celui qui s'occupe des choses, abstraction faite des personnes. Pour arriver à savoir quand un statut est personnel ou réel, que faire? Il est d'accord avec Dumoulin ; il faut aller au fond des choses. Il parle ensuite de statuts, *qui mixtam naturam habent.* Qu'entend-il par là? Il pense qu'il faut entendre par *statut mixte,* celui où il est question, à la fois, des personnes et des choses, (mineur de vingt-cinq ans incapable d'aliéner ses biens). Il faut alors examiner ce qui prédomine dans la question ; si l'attention est portée surtout sur la chose, ou sur la personne, et se décider d'après cela.

Dans le système de d'Argentré, nous ne trouvons pas reproduite la distinction si bonne de Dumoulin ; mais si sa théorie est inférieure, en ce point, à celle de ce jurisconsulte, elle lui est supérieure, en bien

(1) V. la Coutume de Bretagne, commenté par d'Argentré.

d'autres points, sur lesquels d'Argentré raisonne nettement, et résout, avec facilité, les difficultés qui avaient embarrassé Dumoulin.

On a prétendu que les deux jurisconsultes étaient en désaccord presque complet, et que leurs théories devaient être opposées l'une à l'autre. Il n'en est pas ainsi, sauf cependant, en ce qui concerne le régime matrimonial. Dumoulin, à défaut de contrat, croit *à une convention tacite.* D'Argentré, croit *à une intervention de la loi.*

Il importe de signaler quelques auteurs qui se sont occupés des statuts réels et personnels. Je citerai par exemple : Voët, (de statutis); Froland, avocat à Paris vers 1750 ; d'Aguesseau, dans son 54° plaidoyer ; Prévôt de la Jannès, dans ses Principes de Jurisprudence Française, et surtout le savant Boullenois, qui a fait un ouvrage ennuyeux, dont la méthode est défectueuse, mais qui est très-important : ce qui nous force à l'analyser en quelques mots.

Il commence par énoncer la règle « *locus regit actum* » ; puis il établit, que les *lois de police* obligent tous ceux qui habitent le territoire. Il distingue ensuite : *les lois sur l'état et la condition des personnes, et les lois sur les biens et leur transmissibilité.* Puis venant aux lois personnelles, il distingue : les *lois personnelles universelles, les lois personnelles particulières.* Ces dernières n'affectent la personne que pour certains actes spécialement limités ; il les subdivise : *en purement personnelles*, ce sont celles qui affectent la faculté de s'obliger d'une personne, ainsi, par exemple, le sénatus-consulte Velléien : *en personnelles réelles ou mixtes*, ayant pour objet, les personnes et les biens (faculté de tester) ; elles ne peuvent étendre leur empire au delà du territoire de la coutume. Voilà bien des distinctions et des sous-distinctions qui embarrassent cette théorie. Viennent ensuite *les lois purement réelles*.

Dans le doute sur la nature d'un statut, on devait présumer plutôt la réalité que la personnalité.

Les meubles, dit-il, ne sont pas pour ainsi dire régis par la loi personnelle ; il sont censés être au domicile de la personne. On leur applique alors la loi territoriale de ce domicile, la loi réelle.

Les actions personnelles, au point de vue actif, sont régies par le statut personnel ; *les actions personnelles, au point de vue passif*, par la loi du débiteur.

Les clauses d'un contrat doivent être conformes à la loi prohibitive du lieu où l'acte est passé ; la preuve des contrats est celle du lieu où ils sont passés ; il faut en dire autant pour les formalités constitutives.

J'ai parlé tout à l'heure de l'ouvrage de Prévôt de la Jannès, résumons le aussi en quelques mots.

Il distingue *les statuts personnels* et *les statuts réels*, et ne veut pas admettre de statuts *mixtes*.

Aux premiers, il applique la loi du domicile ; aux seconds, la loi de la situation. Lorsqu'un statut n'est que la modification d'un autre, il suit la nature de cet autre. Voilà trois règles fondamentales d'après Prévôt de la Jannès. Il en pose encore d'autres. La puissance publique est souveraine dans un pays pour régir les biens territoriaux. Une coutume ne peut agir ni *directement*, ni *indirectement* sur les biens d'une autre coutume. Les lois réelles lient indirectement les personnes domiciliées, en ce qui concerne les biens faisant partie du territoire. Les statuts personnels lient les personnes domiciliées dans le ressort de la coutume. Ils affectent indirectement les biens que les sujets de la coutume possèdent ailleurs.

Ce jurisconsulte a un moyen particulier de distinguer les statuts.

Est réel, pour lui, *le statut prohibant d'une manière générale à tous. Est personnel*, au contraire, *le statut prohibant d'une manière particulière à quelques-uns.*

C'est le point le plus discutable et le plus délicat de cette théorie. Pour lui, par exemple, l'incapacité de se donner entre conjoints, est de statut personnel, et cette solution est contraire à la jurisprudence et à l'opinion généralement admise par les auteurs.

Dans le cas de doute sur le statut, on se demandera, s'il y a prohibition générale ou particulière ;

alors le statut sera réel ou personnel, suivant ce qu'on décidera. Pour les actes qui se font nécessairement avec l'intervention des officiers publics, on appliquera la règle « *locus regit actum.* »

S'agit-il d'un acte que la personne peut faire seule (testament olographe)? Prévôt de la Jannès dit, il faut voir ce que dit la loi de la personne, et suivre cette loi.

Avant 1789, certains points étaient hors de doute; ainsi :

On était d'accord quant à la règle « *locus regit actum* ».

On l'était également quant aux *lois de police.*

On était généralement d'accord pour dire les statuts personnels, régissent l'état et la capacité des personnes, les statuts réels l'état et la translation des biens.

L'opinion générale était sur la division des statuts, la division *bipartite* en statuts réels et personnels. Quelques auteurs admettaient la division *tripartite* en réels, personnels, et mixtes.

Mais voici la Révolution ; toute discussion relative aux statuts réels et personnels, va cesser entre français ; désormais, il n'y a plus en France, qu'une même loi applicable à tous ; les coutumes ont cessé d'exister, et le conflit va se produire entre la loi française, d'une part, et la loi étrangère, d'autre part ; les discussions sur les statuts continueront, car le législateur n'a presque rien dit du conflit entre la loi Française et la loi Etrangère, et il faut, comme dans l'ancien droit, chercher des solutions et poser des principes.

Les lois françaises sont faites pour les Français, elles régissent l'état et la capacité des Français à l'étranger. Quant aux lois de police et de sûreté (1), le Français à l'étranger, est soumis à la loi étrangère. Les biens immeubles du Français à l'étranger seront régis par la loi étrangère. Voulant que les Français, à l'étranger, soient, quant à leur état et à leur capacité, soumis à la loi française, j'en conclus qu'en France, les étrangers en ce qui concerne leur état et leur capacité, seront soumis à la loi étrangère. Cette solution est virtuellement contenue dans l'article 3 ; il y a un droit pour nous, il y aura un droit pour vous. On objectera peut-être que nous avons des rapports continuels avec des nations non civilisées. C'est vrai. Eh bien, je pense pour ma part, que si les lois de ces nations étrangères ne sont contraires, ni à l'ordre public, ni aux bonnes mœurs, ainsi que nous les comprenons en France, nous devons les appliquer en ce qui concerne l'état et la capacité des étrangers (2) appartenant à ces nations. La fraternité qui existe entre les peuples,

(1) Signalons cependant comme exception la loi de 1866, modificative des articles 5, 6, 7 du Code d'Instruction criminelle, dont nous avons précédemment parlé.

(2) En ce sens, Fœlix, (page 48 et 117), Duranton, tome I, page 57. Richelot, tome I, page 58. V. aussi Delsol, Revue

à une époque de civilisation chrétienne comme la nôtre, oblige la France, à appliquer aux étrangers leur loi particulière, toutes les fois qu'elle ne portera atteinte ni à l'ordre public, ni aux bonnes mœurs, ni à la protection due aux Français.

Ce principe d'une extrême simplicité, met fin à toutes difficultés. Mais l'ordre public peut être considéré d'une manière différente par les uns et par les autres ; nous verrons, tout à l'heure, ce qu'il y a lieu de faire à ce sujet : disons, quant à présent, qu'admettre le principe que je viens de poser, est un devoir pour les nations civilisées, qui, y ont du reste le plus grand intérêt. Si nous rencontrons des législations étrangères qui chez elles, refusent d'appliquer aux étrangers, leurs lois personnelles, en ce qui concerne leur état et leur capacité, nous devrons, chez nous, faire application de notre principe, « avec plus ou moins d'extension ou de faveur suivant l'état de la législation du pays à laquelle l'étranger appartiendra. » C'est l'avis de M. Demolombe.

Dans toutes ces questions il faut avant tout se demander :

critique, 1868, tome 32, p. 481. Demolombe, tome I, page 109, qui dit avec nous : « En règle générale, l'étranger doit demeurer soumis, en France, à la loi personnelle de son pays, à moins que l'application de cette loi, ne soit de nature à compromettre un intérêt français, soit public, soit privé. » Demangeat, Hist. de la cond. civ. des étrangers en France, n° 82, page 370.

1° Telle personne est-elle étrangère ou française ?

2° Si elle est étrangère, quelle est sa loi ?

3° Cette loi étrangère est-elle ou non contraire à l'ordre public français ?

Pour arriver à résoudre la première question, on devra appliquer la loi française qui nous fait connaître quelles personnes sont françaises, quelles personnes, au contraire, sont étrangères. Ainsi une Anglaise épouse un Français, elle est considérée par nous, comme Française, bien que la loi anglaise continue à la considérer comme Anglaise.

La première question résolue, on passera à la seconde, et on se demandera ce qu'est la loi étrangère, si elle blesse ou non nos idées françaises ?

La mort civile subsiste dans une législation étrangère ; l'étranger mort civilement vient en France ; sera-t-il considéré comme mort civilement par nous ? Cette question est très-controversée. Les uns pensent qu'il sera tenu pour mort civilement. « Je déciderais même, dit M. Demangeat (1), que l'étranger frappé de mort civile dans son pays est frappé en France de l'incapacité que sa loi domiciliaire attache à cet état. La question est certainement délicate ; mais en définitive je ne vois aucune raison de droit pour distinguer entre une incapacité qui

(1) Demangeat, Hist. de la cond. civile des étrangers, page 375.

est prononcée immédiatement par la loi personnelle
de l'étranger, et une incapacité qui sans doute a eu
besoin d'être déclarée par un tribunal, mais que ce
tribunal n'a déclarée que comme organe et instru-
ment de la même loi personnelle.... je ne puis
même pas faire d'exception à cette doctrine pour le
cas de condamnation politique, en supposant seulement bien entendu, que la condamnation a été prononcée par un véritable tribunal. » Je ne saurais
partager cette manière de voir, je considère depuis
la résurrection des morts civilement à la date du
31 mai 1854, la mort civile comme contraire à l'ordre public français (1). M. Demolombe (2) distingue, selon que la mort civile prononcée contre
l'étranger résulte d'une condamnation pénale, ou
de l'état monastique et de la profession religieuse.
Dans la première hypothèse, il dit, l'étranger ne
sera pas considéré en France comme mort civilement ; dans la seconde, il pense, au contraire, qu'il
faudra appliquer sa loi personnelle. Je n'admets pas
plus cette opinion que celle de M. Demangeat (3) ;

(1) Berthauld. Quest. controversées sur la loi du 31 mai
1854, nᵒˢ 1 et 2, pages 9 et suivantes.

(2) Demolombe, tome I, nᵒ 198, pages 243 et suiv. V. Merlin, Répertoire, vᵒ jugement, tome IV, p. 621. Hanin, Des
conséquences des condamnations pénales, p. 273. Arrêt de la
Cour de Paris, 13 juin 1814. Sirey, 1815, II, 67.

(3) M. Jalabert, doyen de la faculté de Droit de Nancy, à
son cours de doctorat. « La loi française s'oppose à ce qu'il
y ait une fiction de mort, faisant considérer un vivant comme
un mort. »

je le répète, l'ordre public français est intéressé à ce qu'en France, il ne soit plus question de mort civile ; les peines prononcées par un tribunal étranger, ne sauraient être exécutées chez nous ; et c'est, en vain, qu'on prétend, que les peines accessoires constituant des incapacités civiles doivent être exécutées en France, et tenues pour valables, comme le serait un jugement étranger fixant l'état d'une personne. Tout ce qui est vrai de la peine, est vrai des accessoires de la peine ; les accessoires de la peine ont comme la peine principale un caractère pénal ; je repousse donc l'opinion qui distingue entre la peine et ses accessoires. Notre ordre public s'oppose à ce qu'on tienne compte des peines accessoires prononcées à l'étranger, ainsi la dégradation civique, l'interdiction légale prononcées à l'étranger, ne signifieront rien en France.

Actes de l'état civil. Relativement aux actes de l'état civil, il n'y a pas de difficultés ; il y aura lieu d'appliquer la règle « *locus regit actum.* »

Domicile. Nous rencontrons ici une question très-controversée qui a donné lieu à trois systèmes que nous allons successivement examiner.

1ᵉʳ SYSTÈME. *Il est impossible à l'étranger, d'avoir un domicile en France, même en admettant qu'il ait été autorisé par l'Empereur à s'établir en France.* On donne la raison suivante à l'appui de cette opinion. Une personne ne peut acquérir de domicile, là où elle ne demeure que par accident ; pour arriver à acquérir un domicile, il faut l'intention de venir dans un lieu pour s'y établir définitivement. Il est impossible qu'on admette chez l'étranger, cette volonté ; on doit penser, au contraire, que son intention est toujours de retourner dans le pays qu'il a quitté, et par conséquent, il ne saurait avoir de domicile en France.

2ᵉ SYSTÈME. *L'étranger peut toujours avoir un domicile en France.* En effet, que dit l'article 102 du Code Napoléon ? Il dit que le domicile, « est un lieu où l'on a son principal établissement ; » or rien ne s'oppose à ce que l'étranger ait en France son principal établissement. Mais on objecte que l'article 102 parle des Français et qu'il conclut par là même contre l'étranger. « Le domicile de *tout Français* quant à ses droits civils, est au lieu où il a son principal établissement. » Les partisans de ce système répondent à l'objection : l'article 102 statue sur le *plerum que fit*, il veut tout simplement poser une distinction, entre le domicile civil et le domicile politique. Ce système est suivi par de nombreux auteurs et a pour lui plusieurs décisions de jurisprudence (1).

---

(1) Citons notamment Valette sur Proudhon, tome I, p. 237, note A. Merlin, Répertoire. tome XVI. Vᵒ domicile § 13. — Cassation, 24 avril 1827. Sirey, 1828, 1. 212. Cour de Paris, 15 mars 1831. 2. 112. Cassation, 17 juillet 1833. Dalloz. 1836, 2, 57. Cassation, 31 décembre 1862. Devilleneuve et Carette, 1863. 1. 79.

3ᵉ SYSTÈME (1). D'après ce troisième système, *c'est dans le cas seulement de l'article 13 du Code Napoléon, et dans celui de l'article 11, que l'étranger peut avoir en France un domicile.* Dans le cas de l'article 13, on a voulu favoriser la naturalisation de l'étranger ; dans celui de l'article 11 on était en présence de la réciprocité diplomatique (2).

Absence. On appliquera la loi personnelle de l'étranger. Si nous supposons le cas de l'article 13, et si l'étranger avait conservé son domicile en France jusqu'à l'arrivée de l'absence, il y aurait lieu d'appliquer les règles françaises de l'absence.

Mariage. En principe, en ce qui concerne le mariage, l'étranger est, quant aux questions de capacité, soumis à sa loi personnelle. A ce principe, il importe d'apporter des exceptions basées sur l'ordre public et les bonnes mœurs.

Il peut se rencontrer des considérations d'ordre public tellement graves et tellement puissantes, qu'elle devront permettre l'annulation du mariage de l'étranger célébré en France. Il en est d'autres, au contraire, sur lesquelles ne pourrait pas être basée une annulation de mariage, mais qui font, que

(1) En ce sens, Demolombe, tome I, n° 268, p. 422.

(2) Dans l'ancien droit, d'après la jurisprudence, l'étranger pouvait acquérir un domicile en France, par cela seul, que des circonstances de fait, il résultait qu'il avait l'intention de s'y fixer d'une manière permanente.

l'on comprend l'officier civil, lorsqu'il refuse de procéder à la célébration, et qu'on l'approuve.

Je suppose qu'un musulman, dont la législation admet la polygamie, veuille contracter en France un second mariage avant la dissolution du premier, on ne pourra lui faire application de sa loi personnelle. « (1) Nous ne devons pas, dit M. Demolombe, sacrifier, pour cette loi étrangère, toutes nos règles de morale, tous nos principes d'honnêteté publique. »

La loi étrangère permet, je le suppose, le mariage entre beau-frère et belle-sœur, sans dispenses. Des étrangers se marient dans ces circonstances, je ne vois pas ici d'attentat à la morale universelle, je ne vois rien qui puisse s'opposer à l'application de la loi personnelle de l'étranger dans cette hypothèse.

On discute la question de savoir si un étranger divorcé, d'après les lois de son pays, pourra se marier en France, soit avec une étrangère, soit avec une française ?

Dans le sens de la négative nous trouvons de de nombreux arrêts et des auteurs qui se fondent sur plusieurs considérations. La capacité personnelle de l'étranger, disent-ils, ne saurait faire disparaître au profit du Français, les empêchements dirimants du Code Napoléon ; le divorce n'est pas

(1) Demolombe, tome I, n° 100, page 110.

admis en France (Loi du 8 mai 1816); enfin pour que l'étranger soit habile à contracter mariage en France, il faut qu'il ne soit dans aucun des cas de prohibition qu'a établi notre législation (1).

Nous ne saurions admettre cette opinion, nous pensons, pour notre part, que rien ne s'oppose au mariage de l'étranger dans ce cas (2). Loin de nous la pensée d'approuver le divorce ; mais sommes-nous donc ici, en présence d'un attentat à la morale universelle, en présence d'un acte dont l'immoralité est telle, qu'il répugne à tous. Non certainement. L'ordre général des bonnes mœurs est-il intéressé ? Non encore. Sommes-nous bien venus à imposer notre manière de voir à l'étranger, quand nous avons, par nos lois, lors de la confection du Code, imposé le divorce à l'étranger, au moment de nos conquêtes ? Je ne le pense pas. Quand on vient soutenir que l'étranger pour être habile à contracter mariage en France, doit n'être dans aucun des cas de prohibition, établis par le législateur français, c'est se mettre à l'encontre d'un grand principe que nous croyons incontestable, et en vertu duquel on doit,

(1) V. en ce sens : Demangeat, Revue pratique de Droit français, tome I, page 57, 1856. Demante, tome I, note I, page 45. Dutruc, sur l'arrêt du 4 juillet 1859 de la Cour de de Paris, rapporté par Devilleneuve et Carette, 1859, 11, 104. — Paris, 30 août 1824, Devilleneuve et Carette, 1825, 11, 67. Paris, 28 mars 1843, même recueil, 1844, 11, 566.

(2) En ce sens, Demolombe, n° 101, pages 112 et suiv. tome I.

en France, appliquer à l'étranger sa loi personnelle, lorsqu'il s'agit de son état et de sa capacité. On reconnait généralement que le Français divorcé avant la loi du 8 mai 1816 devrait être admis à contracter un nouveau mariage, aujourd'hui, s'il le demandait. Qu'est-ce à dire? « N'est-ce pas reconnaître, dit M. Demolombe, le principe même que nous défendons, à savoir : que le mariage est valablement dissous, lorsque cette dissolution a été prononcée en vertu de la loi, par laquelle il était régi (1). »

Des difficultés peuvent se présenter relativement *à l'âge des conjoints.* La loi étrangère peut permettre à la femme de se marier à 12 ans, à l'homme de se marier à 15 ans. Que faire en France ? A mon avis, on devra appliquer la loi personnelle de l'étranger, si l'âge légal de la loi étrangère est *supérieur* à notre âge légal français, sinon appliquer la loi française. Le mariage célébré ne pourrait être annulé, mais l'officier de l'état civil devrait se refuser à célébrer le mariage contracté par une femme âgée de 12 ans par exemple, et un homme âgé de 15 ans. Il y aurait là une union contraire à l'ordre public comme nous le comprenons en France ; on

(1) Nancy, 30 mai 1826. Sirey. 1826. II. 286. Cassation, 21 juin 1858. 1858. 1, 265. Minist. publ. Merlin, Questions de Droit, V° divorce, § 13. Massé et Vergé sur Zach. p. 27, tome I. Gazette des tribunaux, 5 juillet 1859, (plaidoirie de M° Dufaure).

n'admet pas qu'un Français âgé de 18 ans épouse une femme âgée de 13 ans ; on ne l'admettrait pas non plus s'il s'agissait de deux étrangers ; il faudrait des dispenses. « *Les règles sur les dispenses d'âge, intéressant l'ordre public et les bonnes mœurs, sont également applicables aux étrangers qui voudraient se marier en France* (1). »

Quid de la *parenté*, de *l'alliance ?* La loi étrangère est-elle plus sévère que la loi française ? Défend-t-elle le mariage entre cousins germains par exemple, il faut appliquer la loi étrangère. Est-elle moins sévère que la loi française ? Il faut voir ce qui résulterait de son application pour l'ordre public français.

Quid de la veuve étrangère qui voudrait, conformément à la loi de son pays, se remarier un mois après la mort de son mari? Je crois que l'intérêt des bonnes mœurs, l'ordre public comme nous le considérons en France, s'oppose à ce qu'il en soit ainsi, alors même que la législation de la femme lui permettrait de le faire; elle devra donc attendre, que 10 mois soient révolus, depuis la dissolution de son précédent mariage, pour contracter une nouvelle union. Mais si le mariage avait été célébré, je pense qu'il serait inattaquable. Si une prohibition

(1) Circulaire de Son Excellence M. le garde des sceaux, en date du 29 avril 1832.

existe pour l'homme à l'étranger, nous devrons la respecter en France.

Il y a des pays où l'on peut se marier par procureur, avec autorisation du Chef de l'Etat. De pareilles unions ne me paraissent pas permises en France, c'est contraire à l'ordre public.

Je pourrais multiplier les hypothèses en ce qui concerne le mariage, mais cela m'entrainerait beaucoup trop loin. Examinons d'autres difficultés qui se présentent dans les autres matières du droit.

État et capacité de la femme mariée. — Il importe de distinguer suivant que la capacité de la femme étrangère est plus étendue qu'en France, suivant qu'elle l'est moins.

Elle l'est plus. — Ainsi la femme étrangère peut s'obliger sans autorisation de son mari. Nous lui permettrons de s'obliger ainsi en France, il n'y a rien là de contraire à l'ordre public tel que nous le comprenons.

Elle l'est moins. — Par exemple, comme à Genève, il lui faut, pour s'engager pour son mari, l'autorisation de ce dernier et celle de deux conseillers désignés par le Procureur Général : on appliquera la loi personnelle de cette étrangère, mais cette application devra avoir pour limite la protection due aux Français qui traitent avec elle. Ainsi elle a trompé un Français, en disant avoir la même capacité que la femme Française, le Français attaque l'opération, on ne devra l'écouter que s'il établit qu'il n'a pas agi avec légèreté, avec imprudence, mais qu'il a été trompé : la preuve devra résulter des circonstances de fait ; je n'admets pas, comme Fœlix, qu'il soit nécessaire que la conduite de la femme étrangère constitue un délit d'escroquerie ou d'abus de confiance, ni même un dol caractérisé. Je partage sur ce point l'opinion de M. Demolombe (1), qui dit : « Suivant tous les éléments de la cause, je maintiendrais ou j'annulerais l'obligation. » Nous raisonnerions de même dans le cas d'obligations contractées par un mineur étranger.

D'autres pensent le contraire, ils partent du principe que les lois personnelles étrangères ne signifient rien en France (2), et ils veulent qu'on applique la loi française.

Quid de l'obligation qu'ont les parents de nourrir, d'élever leurs enfants, etc.? On appliquera la loi étrangère, à moins qu'elle ne reconnaisse pas les devoirs qu'ont les parents, les droits qu'ont les enfants.

Quid des dettes d'aliments résultant de la parenté, de l'alliance? La loi étrangère est-elle plus exigeante, sur ce point, que la nôtre ? — On l'appli-

(1) Demolombe, tome I, n° 102, pages 115 et 116. V. aussi cour de Paris, 19 mai 1830. Sirey, 1830, II, 222. Cassation, 16 janvier 1861. Devilleneuve et Carette, 1861, I, 305.

(2) V. notamment Cassation, 17 juillet 1833. D, 1833, I, 303. Paris, 17 juin 1834. Devilleneuve et Carette, 1834, II, 371.

quera. Restreint-ellé au contraire l'obligation alimentaire, décide-t-elle, par exèmple, comme en Danemarck, que les enfants ne doivent pas d'aliments à leurs parents ? — On appliquera la loi française, la loi étrangère serait contraire à l'ordre public tel que nous le comprenons en France.

Quant à l'alliance, si nous supposons que la loi étrangère n'accorde pas d'aliments aux alliés, je pense, qu'en France, les alliés au degré que le Code détermine, auront droit à des aliments, pour la même raison que tout à l'heure.

Séparation de corps. — D'après quelle loi prononcera-t-on la séparation de corps ? D'après la loi des étrangers, en principe ; mais je ne pense pas qu'on puisse admettre des causes de séparation autres que celles qui sont déterminées par notre Code. Ce serait contraire à l'ordre public tel que nous le comprenons en France. L'étranger n'ayant pas un domicile en France, les tribunaux français seraient incompétents pour prononcer la séparation de corps, mais ils ne le seraient pas pour prononcer les mesures provisoires, dire par exemple, que la femme ira habiter un domicile autre que celui du mari, que l'enfant sera provisoirement confié à sa mère (1).

(1) En ce sens, arrêts de Cassation, 27 novembre 1822, 26 avril 1823. Dalloz, Rec. Alph., tome VI, page 408.

Paternité, filiation. Ce sont des questions de statut personnel. Entre deux étrangers, les tribunaux étrangers sont seuls compétents. Mais supposons, que la compétence du tribunal Français, ne soit pas déclinée ; il y aura lieu pour lui de juger, et d'appliquer la loi étrangère, à moins qu'elle ne soit contraire à l'ordre public, et aux bonnes mœurs, telles que nous les comprenons en France.

Quid de la loi sur la gestation ? La loi étrangère établit-elle un temps moins long que la loi Française ? Il faut appliquer la loi Française. Etablit-elle un temps plus long au contraire ? — Il faut appliquer la loi étrangère.

Désaveu. Nous appliquerons la loi étrangère, sauf cependant, si elle admet des causes de désaveu autres que celles prévues par le Code Napoléon.

Un Français pourra-t-il désavouer, suivant la loi Française; son enfant étranger ? Cette question est très-délicate. On appliquera la loi la plus favorable au Français.

Adoption. Tutelle officieuse. — Entre deux étrangers, on appliquera la loi étrangère, si elle n'a rien de contraire à l'ordre public français, quant aux effets et aux conditions de l'adoption ; quant aux formes de l'adoption, la loi française, par application de la règle « *locus regit actum* ». Un étranger veut-il adopter un Français, être adopté par un Français, il faut conformément à l'article 11, qu'il existe un traité entre sa nation et la nôtre, car l'adoption est, une institution *de droit civil*, en principe, inaccessible aux étrangers. En cas de traité, l'adoption étant possible, on suivra pour l'étranger, la loi étrangère ; pour le Français, la loi française. En cas de conflit entre les deux lois, on appliquera de préférence la loi française.

Puissance paternelle. La loi sur la puissance paternelle, est dans ses dispositions coercitives, une loi de police, de sûreté, d'ordre public. Le droit de garde, etc., devra être exercé dans les limites déterminées par la loi française, il n'y aura pas lieu ici de s'occuper de la loi étrangère.

Pour certaines règles accessoires de la puissance paternelle qui ne touchent pas à l'ordre public, on pourra appliquer au contraire la loi étrangère.

Quid si le Français se fait naturaliser étranger ? Sa femme, ses enfants restant français, il aura la puissance maritale, la puissance paternelle, dans les limites tracées par le Code Napoléon qui doit protéger la femme et les enfants français.

Quid du droit de consentir au mariage, à l'adoption, à l'engagement militaire qu'a le père ? S'agit-il d'un père et d'un fils étranger ? On appliquera la loi étrangère. S'agit-il d'un père étranger et d'un enfant français ? On appliquera également la loi étrangère. S'agit-il d'un père français et d'un enfant étranger, on devra suivre la loi française.

Quid de l'administration légale ? Entre deux étrangers, on appliquera la loi étrangère. Entre un père français et un fils étranger, la loi française; Entre un père étranger et un fils français la loi étrangère.

Quid de l'usufruit légal ? Les auteurs anciens étaient divisés sur la question de savoir s'il y avait là une question de statut réel ou une question de statut personnel. Boullenois, Duplessis, d'Argentré, disaient, y a là une question de statut réel. Le président Bouillet pensait, au contraire, qu'il y avait là une question de statut personnel.

Que dire aujourd'hui? J'estime, pour ma part, que l'usufruit légal étant une dépendance de la puissance paternelle, un attribut naturel, accessoire de la puissance paternelle, organisée par une loi personnelle, doit appartenir lui aussi au statut personnel. D'autres pensent le contraire et estiment que l'usufruit légal appartient au statut réel. Les uns accordent aux étrangers l'usufruit paternel sur les immeubles qui sont situés en France (1), les autres ne leur accordent que si la loi personnelle de ces étrangers leur concède (2). D'autres ne leur accordent jamais.

Majorité, minorité. On appliquera la loi personnelle; il n'y a rien à cela de contraire à l'ordre public, si le Français a été trompé il devra établir sa bonne

(1) V. notamment Troplong. Hypothèques, tome I, n° 429.

(2) Ainsi Fœlix, p. 60 et 78. Valette, des hypothèques, n° 139.

foi, et démontrer que l'étranger à cherché à l'induire en erreur.

Tutelle. Entre étrangers, on appliquera la loi étrangère. En cas de conflit entre deux lois, on appliquera la loi de la personne à protéger, la loi du pupille.

L'étranger peut-il être tuteur en France? Dans un premier système, on dit non, cela est impossible. La tutelle est une charge publique, un *munus publicum ;* l'étranger (1) ne peut être tuteur, la tutelle est une institution de droit civil. (Art. 430, 432 C. N., articles 34, 42 C. P.) Comment comprendre du reste qu'on puisse contraindre un étranger à accepter la tutelle ? comment faire porter sur ces biens étrangers, une hypothèque légale dans l'intérêt du mineur? Comment admettre à être tuteur un homme qui peut à chaque instant être expulsé administrativement, et être enlevé à celui qu'il doit protéger.

Dans un second système on admet, au contraire, que l'étranger peut être tuteur en France. Que signifient, dit-on, ces idées basées sur le droit romain, à l'aide desquelles on soutient, que la tutelle est un *munus publicum.* Il y a là une fonction privée « n'ayant pour objet que l'intérêt particulier des personnes qu'elle concerne »... Certainement l'étranger peut être tuteur, puisqu'il « peut avoir en sa puissance paternelle ses enfants même français (2). »

(1) Arrêt de 1873. Merlin, Répertoire, v° tutelle. Aubry et Rau, tome Ier. Valette. Demolombe. Colmar, 8 juillet

J'admets cette deuxième opinion, mais avec des distinctions.

Je distingue entre la tutelle déférée à un étranger, et reposant sur des liens de parenté ou d'alliance qui l'unissent au mineur, et la tutelle déférée à l'étranger, alors qu'il n'est lié au mineur par aucuns liens de parenté ou d'alliance. Au premier cas, j'admets l'étranger à être tuteur : au second cas j'estime qu'il ne peut l'être. Dans le premier cas, en effet, il ne s'agit pas de droit civil pur, mais des grands principes de droit naturel, mais des devoirs de famille qui sont sacrés, et qui doivent exister malgré la différence des nationalités; on n'en peut dire autant dans le second cas.

La mère française d'un enfant français se remarie, le mari étranger, pourra-t-il être có-tuteur? Oui, à mon avis; nous aurons la garantie du conseil de famille ; il est juste que le nouveau mari remplisse les devoirs que lui impose le mariage qu'il a contracté. Mais peut-on-dire, comment ce tuteur étranger agira-t-il en justice? Devra-t-il fournir la caution *judicatum solvi*? on l'a soutenu. Je ne l'admettrais pas dans tous les cas : ainsi pour une action

1817, Sirey, 1818, 2, 250. Bastia, 5 juin 1838, Sirey, 1838, 2, 439. Paris, 21 mars 1861. Sirey, 1861, 2, 209. Les auteurs et ces arrêts décident le contraire dans le cas de l'article 13 et dans celui de l'article 11.

(2) En ce sens Mourlon, tome I, page 84, note 2. Berthauld. Demangeat; hist. de la cond. civ. des étrangers en France.

immobilière, je pense qu'il pourrait ne pas fournir caution, s'il avait l'assentiment du conseil de famille. Pour une action mobilière, il ferait bien aussi, de demander cet assentiment, sinon il devrait fournir la caution *judicatum solvi*. Mais peut-on dire encore, le mineur doit avoir son domicile chez son tuteur, comment dès lors le mineur français peut-il être le pupille d'un étranger qui ne peut avoir son domicile en France? Au premier abord, cette question peut embarrasser; mais il faut lui donner une solution : il faut admettre, puisque la loi veut que le Français ait un domicile en France, que le domicile du mineur, sera son domicile d'origine. Le mineur aura un domicile autre que celui du tuteur où l'on fera tous les actes voulus par la loi (1). Tout ce que j'ai dit me paraît vrai relativement au subrogé tuteur, au curateur, aux membres des conseils de famille.

Quid du cas de tutelle testamentaire? L'étranger nommé tuteur par le testament est-il parent ou allié du mineur? Il pourra être tuteur. Sinon, il ne le pourra pas. L'étranger ainsi nommé tuteur pourrait être déchargé ou destitué, s'il y avait lieu.

Biens. Parlons d'abord des biens d'une manière générale, comme faisant partie du territoire, en eux-mêmes, abstraction faite de leurs propriétaires.

(1) M. Jalabert, doyen de la Faculté de Droit de Nancy, à son cours de Doctorat.

Les lois qui s'appliquent sont : 1° les lois de police, 2° les lois faites spécialement pour les biens, 3° les lois sur certaines procédures.

On appliquera ici la loi française, nous sommes en matière réelle.

S'agit-il de savoir si les biens sont ou non dans le commerce, quels droits on peut avoir sur eux, s'agit-il de la propriété littéraire, des marques de fabrique, des brevets d'invention, on appliquera la loi française. S'agit-il des droits de gage, d'hypothèque, de la mitoyenneté, de la transcription, du transport des créances, de l'expropriation, des saisies, on appliquera la loi française.

Pour faire la distinction entre les meubles et les immeubles, il faudra voir à qui les biens appartiennent, qu'elle est la capacité du propriétaire.

Un immeuble français doit être, pour l'étranger, comme pour le Français, un immeuble. Des biens meubles d'après notre loi pourront-ils être traités comme des immeubles vis-à-vis de l'étranger propriétaire? Ainsi les rentes foncières meubles en France, pourront-elles, quant à l'étranger, être considérées comme des immeubles. Je pense qu'il y aura lieu de décider la question d'après la capacité du créancier de la rente.

Quelles seront les lois applicables au cas d'aliénation à titre onéreux? C'est la loi de la personne qui vend, la loi personnelle de celle qui achète; cela est incontesté pour les meubles; quant aux immeubles, je pense avec M. de Savigny, qu'il faut se demander aussi quelle est la loi de l'aliénation, rien ne s'y oppose, ni l'ordre public, ni l'intérêt des Français.

Quid de la capacité de disposer à titre gratuit? Nous sommes ici en présence du statut réel, nous appliquons les lois françaises. Les lois en cette matière, ont un caractère politique, qui donne application à la loi territoriale. Je repousse l'idée allemande qui voudrait appliquer aux successions les règles de statut personnel. L'opinion de M. de Savigny, magnifiquement développée, a pour elle l'avenir, mais elle ne peut tenir en présence de l'article 3 C. N. qui signifie, que tout ce qui tient à l'état, à la disposition, à la transmission des biens, à un caractère d'ordre public, qui nécessite l'application de la loi française. Voilà pour les successions immobilières.

Quid des successions mobilières? Il y a discussion à ce sujet; les uns disent, il faut toujours appliquer la loi française; les lois étrangères, en effet, ne peuvent prétendre s'occuper d'un bien qui est sur le sol français, on ne peut appliquer la vieille maxime « mobilia sequntur personam », entre deux états différents. C'était bon, dans l'ancien droit, de province à province (1).

(1) Rouen, 7 avril 1835, Devilleneuve et Carette, 1835, II, 374. Cassation, 29 août 1837, Devilleneuve et Carette, 1837, I, 762.

Les autres disent, il faut tojours appliquer la loi étrangère ; cela résulte de l'article 3 qui ne parlant que des immeubles, excepte virtuellement les meubles. Du reste, les meubles sont essentiellement ambulatoires comme la personne, « ossibus personæ inhœrent (1) » Je partage complètement cette opinion.

M. Demolombe (2) professe une opinion intermédiaire. Il applique en principe la loi étrangère mais « conserve dans l'application, une certaine latitude, et fait, à cet égard, quelques réserves, que l'article 3 autorise lui-même, en s'abstenant, sur ce point, de toute décision absolue. » C'est ainsi qu'il pense devoir appliquer la loi française à l'étranger qui appartient à une nation appliquant chez elle, un principe contraire à celui dont il s'agit. Il estime en outre que le prélèvement dont parle l'article 2 de la loi du 14 juillet 1819 devrait, s'exercer sur les meubles que l'étranger défunt avait en France.

Les meubles considérés individuellement, seront régis par la loi de la situation actuelle.

Que décider quant aux règles sur la viabilité (art. 725), la présomption de survie (art. 720, 721, 721, 722). J'estime qu'il y a lieu de distinguer selon qu'il y a des cohéritiers étrangers et Français, ou

(1) Zachariæ, tome I, p. 56. Merlin, Répertoire, V° Loi § 6, n° 3.

(2) Demolombe, tome I, n° 94, page 105.

des cohéritiers étrangers seulement; au premier cas, on appliquera la loi française ; au second, la loi étrangère.

Les lois sur la réserve, la quotité disponible, sont de statut réel. Disons-en autant des lois sur les substitutions, des lois qui défendent de donner les biens à venir autrement que par contrat de mariage, des lois sur la qualité des biens disponibles entre époux, etc., etc.

Nous avons étudié la loi de 1819, nous devons indiquer la disposition de l'article de cette loi qui est ainsi conçu : « Dans le cas de partage d'une même succession, entre des cohéritiers étrangers et français, ceux-ci prélèveront sur les biens situés en France, une portion égale à la valeur des biens situés en pays étranger, dont ils seraient exclus, à quelque titre que ce soit, en vertu des lois et coutumes locales.

Donations. — Capacité absolue de disposer. Nous sommes ici en présence de questions de statut personnel. S'agit-il, par exemple, d'un religieux, d'un interdit, d'une femme mariée, d'un mineur, on appliquera la loi personnelle. L'article 904 renferme une question de statut personnel, la moitié des biens dont ne pourrait disposer le mineur, irait à l'État par voie de deshérence.

Capacité absolue de recevoir. On appliquera la loi personnelle étrangère, à moins que les Français ne puissent être lésés par son application.

Capacité relative (907, 909 C. N.). Les incapacités relatives de disposer ou de recevoir sont régies par la loi personnelle. Si nous supposons que les deux parties intéressées appartiennent à la même nationalité étrangère, on appliquera la loi personnelle qui les régit. Les deux parties intéressées appartiennent-elles, au contraire, à deux nationalités différentes? L'une est-elle française, l'autre anglaise, les législations des deux pays n'étant pas identiques, il faut opter entre la loi nationale du testateur, et celle du légataire. Je pense qu'il faut surtout considérer, l'incapacité du mineur, du malade; il y a ici une loi de protection, il faut appliquer la loi personnelle de la personne à protéger. Le malade est-il français? Nous appliquerons la loi française. Est-il étranger? la loi étrangère. La disposition renfermée dans le second alinéa de l'article 909 est, à mon avis, de statut personnel; on a cependant pensé le contraire, on a vu, en effet, dans cet alinéa une question de disponibilité.

Testament authentique. L'article 999 C. N., dit que le Français qui se trouve en pays étranger, pourra faire ses dispositions testamentaires par acte authentique, avec les formes usitées dans le lieu ou cet acte sera passé : il faut se placer au point de vue de la loi étrangère pour voir si tel acte est ou non authentique. Suffit-il, à l'étranger, pour qu'il y ait une authenticité, que le testateur manifeste sa volonté devant cinq témoins, l'acte sera authentique aux termes de l'article 999. L'étranger en France se conformera à nos règles.

Testament olographe. Le Français ne peut tester à l'étranger, qu'en la forme olographe française. M. Demolombe pense contrairement à notre opinion que le Français peut tester en la forme olographe étrangère, et il oppose l'article 994 : mais j'estime que cet article ne peut fournir un argument sérieux ; L'art. 999 pose un principe général, 994 n'est qu'une exception, or l'exception confirme la règle ; du reste 994 ne s'occupe pas du testament olographe, il suffit pour s'en convaincre de lire cet article et de le rapprocher de l'article 998.

- L'étranger peut-il tester en France d'après la forme olographe étrangère ? MM. Zachariæ, Aubry et Rau pensent qu'il le peut ; pourquoi, en effet, refuser à l'étranger, chez nous, ce que nous demandons, pour le Français, à l'étranger : C'est aussi mon opinion.

Contrats. On devra sanctionner la volonté des contractants, toutes les fois qu'elle n'aura rien de contraire à l'ordre public ou aux bonnes mœurs. C'est d'après notre conscience française que nous déciderons si telle ou telle disposition est ou non contraire aux bonnes mœurs, à l'ordre public.

Il importe de distinguer, quant aux conventions : les lois d'ordre public universel et les lois d'ordre public relatif. Seront applicables à tous les peuples civilisés les premières de ces lois, ne le seront pas, au contraire, les secondes. L'article 1130 du C. N. est une loi d'ordre public universel, par exemple, et les étrangers y seront soumis comme les Français. La loi du 3 septembre 1807, au contraire, me paraît être une loi de morale purement relative, et ne pouvant régir tous les peuples civilisés : j'admettrais donc comme parfaitement valables, des stipulations d'intérêts supérieurs à 5 0/0 faites par des Français à l'étranger.

Quelle loi devra régir les parties contractantes ?

1° *Vinculum juris.* Les contractants appartiennent-ils à la même nationalité ? On s'en réfère à leur loi nationale. Les contractants appartiennent-ils au contraire à deux nationalités différentes. La question est délicate. Pourquoi, en effet, faire prédominer une loi, plutôt qu'une autre. Je pense que si l'on ne peut arriver à connaître qu'elle a été l'intention des parties, on devra appliquer la loi du lieu où le contrat a été fait, où pour la première fois, il y a eu accord de volonté entre les contractants. C'est d'après cette loi, qu'il y aura lieu de décider, s'il y a eu convention, vente, terme, condition, s'il y a nullité etc., solidarité, transmission immédiate de propriété.

2° *Exécution de l'obligation.* On appliquera la loi du lieu de l'exécution ; cette loi sera appelée à

______

(1) En ce sens, Troplong. Massé. Arrêt de cassation, 10 juin 1857.

trancher toutes les difficultés relatives au paiement, à l'imputation de paiement, aux mesures, à la monnaie à employer etc. (1).

Preuve des obligations. Quant aux règles de forme, nous appliquerons la loi du tribunal compétent. Quant aux règles qui touchent le fond du droit, nous appliquerons la *lex contractûs*, la loi du lieu ou le contrat a été fait, c'est cette loi qui déterminera quelles preuves devront être faites devant les

(1) Jusqu'ici, dans tout notre travail, nous ne nous sommes occupés que des personnes *physiques* étrangères. Nous devrions en parlant de contrats, nous occuper des sociétés étrangères, des personnes morales étrangères qui, grâce au développement du commerce et de l'industrie tendent de plus en plus à se multiplier. Nous pourrions nous arrêter longtemps à cette partie presqu'inexplorée encore du droit international. Nous aurions à examiner bien des points intéressants, celui de savoir, par exemple, si les sociétés constituées légalement en pays étranger, peuvent, en France, avoir la qualité de personnes morales qu'elles ont à l'étranger, si elles peuvent plaider en France, agir comme le ferait un commerçant étranger, si elles ont ou non besoin d'une autorisation du Gouvernement, et encore, qu'elle loi devra régir les sociétés légalement établies, la loi française ou la loi étrangère ? Nous ne le ferons pas, cela nous entraînerait trop loin; ce sujet pourrait à lui seul donner matière à une longue étude, et du reste, nous ne nous occupons que des personnes *physiques*. On peut consulter à ce sujet l'intéressante monographie de M. Charles Lyon-Caën, agrégé à la Faculté de Droit de Nancy (1870), intitulée : *De la condition légale des sociétés étrangères en France et des rapports de ces sociétés avec leurs actionnaires, porteurs d'obligations, et autres créanciers.*

tribunaux, relativement aux obligations contractées à l'étranger. Il ne faudrait pas cependant que la *lex contractûs* fut contraire à l'ordre public. Ainsi par exemple, nous n'aurions pas admis chez nous, comme moyen de preuve, le combat judiciaire qui a existé en Angleterre jusqu'en 1825.

Preuve littérale. On appliquera la règle « *locus regit actum.* » La loi étrangère ne demandant pas, par exemple, le *bon et approuvé* qui est exigé d'après notre loi française, il n'y aura pas lieu de l'exiger.

Preuve testimoniale. On appliquera la *lex contractûs ;* si, par exemple, la preuve testimoniale est admise, d'après la loi étrangère, au-dessous de 150 francs, on devra se conformer à cette loi.

Serment. On devra voir si cette preuve est admise, par la loi du contrat. Quelle sera la forme du serment ? On a discuté ce point ; je pense, pour ma part, que la forme du serment sera celle de la loi du pays de celui qui sera appelé à le prêter. On devra toutefois retrancher dans la formule étrangère, tout ce qui serait contraire à l'ordre public.

Contrat de mariage. On discutait, dans l'ancien droit, la question de savoir par quelle loi devaient être réglées les conventions matrimoniales. Etait-ce par la loi du lieu de la célébration du mariage? Par la loi de la situation des biens ? Par la loi du domicile matrimonial ? On décidait, généralement, sous les coutumes, que c'était la loi du domicile matri-

monial (1), on voyait là, une pure question d'interprétation de la volonté des parties.

Que devons-nous dire aujourd'hui, en supposant,
par exemple, que les étrangers qui se marient ont
des immeubles situés en France : devrons-nous
appliquer l'article 1593 du Code Napoléon ; si la loi
étrangère des époux, établit le régime dotal, comme
régime de droit commun.

Je pense pour ma part avec M. Demolombe (2)
qu'il faut appliquer la loi du domicile matrimonial ;
nous sommes quant à la communauté légale, en
présence d'une *convention tacite* des parties. « La
communauté légale ne régit pas les biens des époux
par l'effet immédiat et nécessaire de la loi elle-
même, mais bien par l'effet de la convention tacite
et volontaire des époux. » Quoique cette communauté soit appelée *légale*, dit Pothier (3), ce n'est
pas néanmoins, comme l'observe Dumoulin, la loi
qui en est la cause immédiate ; elle n'est pas formée,
dit cet auteur, *vi ipsius consuetudinis immediaté et
in se.* La cause immédiate, qui produit et établit
cette communauté, est une convention, qui n'est
pas, à la vérité, expresse et formelle, mais qui est
virtuelle et implicite, par laquelle les parties, en se

(1) Merlin. Répertoire, v° communauté, n° 3, § 1, et conventions matrimoniales, § 2.

(2) Demolombe, tome 1. n° 87, pages 94 et suivantes.

(3) Pothier, Traité de la communauté (n° 10). Edition
Rogron et Firbach, page 557.

mariant, quand elles ne se sont pas expliquées sur leurs conventions matrimoniales, sont censées être tacitement convenues, d'une communauté de biens, telle qu'elle a lieu par la coutume du lieu de leur domicile, suivant ce principe de droit : *Ea enim quæ sunt moris et consuetudinis, in bonæ fidei judiciis debent venire.*

Comment prétendre que des époux Italiens, par exemple, se mariant à l'étranger, doivent être présumés vouloir accepter la communauté légale française, c'est impossible. Il y a là une question de *statut personnel.*

Quid de l'inaliénabilité du fonds dotal? La Cour de cassation en 1831 (1), a rendu un arrêt dans lequel elle considère qu'il y a ici une question de *statut réel,* d'où il faut nécessairement conclure, ainsi que nous le dit M. Demangeat (2), « qu'un fonds situé en France, n'est dotal et inaliénable, que conformément à la loi française, quelle que soit à cet égard la disposition de la loi domiciliaire des époux, quand même d'après cette dernière loi, tous les immeubles de la femme seraient de plein droit dotaux et inaliénables. » M. Demangeat n'admet pas l'opinion de la Cour de cassation, qui est partagée par M. Duranton (t. I, page 52); et il pense

_____

(1) 11 janvier 1831. Dalloz. 1831, I, 51.
(2) Demangeat, Hist. de la cond. civ. des Etrangers en France, page 378.

avec MM. Aubry et Rau, (t. I, pages 78 et 79), et Demolombe, (n° 66, tome I, page 94), qu'il y a là une question de *statut personnel.* C'est aussi notre opinion.

Hypothèque. L'hypothèque légale de la femme mariée, des mineurs, et des interdits, me paraît aussi dépendre du *statut personnel ;* dès lors, nous devons dire que l'hypothèque légale ne pourra exister en France au profit de ces personnes, que si leur loi personnelle leur accorde comme la loi française.

SECTION IV.

Règles de procédure.

Les articles 14 et 15 du Code Napoléon sont ainsi conçus : » L'étranger même non résidant en France, pourra être cité devant les tribunaux français, pour l'exécution des obligations par lui contractées en France, avec un Français ; il pourra être traduit devant les tribunaux de France pour les obligations par lui contractées en pays étranger envers des Français. »

C

« Un Français pourra être traduit devant un tribunal de France, pour des obligations par lui contractées en pays étranger, même avec un étranger. »

1° *Un Français est créancier d'un étranger.* Cet étranger refuse-t-il d'exécuter les obligations qu'il a contractées, il peut être assigné devant les tribunaux français, même *s'il ne réside pas en France* qu'il s'agisse *d'obligations contractées en France ou d'obligations contractées à l'étranger;* l'article 14 ne fait aucune distinction entre les deux cas. Devrons-nous nous attacher aux termes de la loi « *obligations par lui contractées,* » et dire l'article 14 ne recevra pas son application, s'il s'agit d'obligations nées *quasi ex contractu, delicto* ou *quasi ex delicto?* Je ne le pense pas. Je crois, en effet, avec M. Demolombe (1), que le mot « *contractées* » ne peut avoir ici une acception spéciale; il y a ici, du reste, une raison sérieuse de protéger efficacement le Français; il ne faut pas, en effet, qu'il puisse être impunément victime d'un délit, ou d'un quasi dé it commis par l'étranger.

Quid du cas où le Français, devient le créancier de l'étranger en qualité de cessionnaire d'une créance qu'avait sur le débiteur étranger, le cédant étranger? Appliquera-t-on l'art. 14 ? Cette question divise les auteurs (1). Je partage l'avis de ceux qui

(1) Demolombe, tome I, n° 250, page 384.
(1) Pour la négative : (Demolombe, tome I, n° 250). (Aubry

soutiennent la négative. Pour qu'on puisse appliquer l'article 14 du Code Napoléon, je pense, qu'il est nécessaire, que l'obligation prenne « *directement et immédiatement naissance dans la personne du Français contre l'étranger.* » L'article parle d'une obligation qui est contractée *par l'étranger envers le Français.*

Que dire du cas où le créancier français fait cession de la créance qu'il a contre un étranger, à un autre étranger ? Le cessionnaire étranger pourra-t-il revendiquer l'application de l'article 14 contre le cédé ? Je ne le pense pas.

Le Français actionne son débiteur étranger devant les tribunaux étrangers; peut-il, soit après que le jugement a été rendu, soit en cours d'instance, saisir les tribunaux français ? Cette question est très-controversée. Je vois là une question à résoudre en fait ; les tribunaux devront apprécier, si le Français a renoncé à l'article 14, ou si, au contraire, il a agi d'abord sous l'empire de la nécessité, sauf à user ensuite de son droit.

On discute aussi la question de savoir si l'article 14 doit être appliqué, en cas où un Français poursuit un gouvernement étranger, pour obligations contractées envers lui, par ce gouvernement ?

et Rau, t. V. p. 45). Pour l'affirmative : (Demangeat sur Fœlix. t. I, p. 334). Bodin (Revue pratique 1858, t. 5, pages 148 et suivantes).

M. Demangeat pense que l'article 14 devra s'appliquer. (*Revue Pratique de droit français.* 1856. tome I, p. 594 et suivantes). La Cour de Cassation le 22 janvier 1849, la Cour de Paris le 12 janvier 1856, MM. Aubry et Rau, tome VI, page 515, pensent le contraire.

En *matière personnelle*, l'étranger *défendeur* sera traduit s'il réside en France, devant le tribunal de sa résidence (Art. 59, Pr. civ., Cassation 2 juillet 1822. S. 1822, 1, 184). S'il réside hors de France, et que l'obligation ait été contractée en France, on devra l'assigner devant le tribunal du lieu où l'obligation a été par lui contractée (article 420, C. Pr. civile). Est-ce en pays étranger que l'obligation a pris naissance, le Français devra assigner l'étranger au tribunal de son domicile, ou bien même, devant tel juge de France qu'il jugera bon, pourvu qu'il soit compétent *ratione materiæ*, et pourvu qu'il n'y ait pas dans le choix fait une intention de nuire à l'étranger ; c'est ainsi qu'on ne pourrait permettre qu'un Français assignât son débiteur Espagnol à Brest, dans le but de l'induire en dépenses et de lui occasionner des frais. (Cassation 7 mars 1865, Dev. et Carette. 1865, 1, 225, et Demolombe, tome I, n° 252, page 390.)

2° *L'étranger est créancier d'un Français.* La loi a voulu que le Français débiteur d'un étranger puisse être traduit devant les tribunaux français ; ici rien d'exhorbitant, c'est la saine application des principes. Cet article s'applique au Français naturalisé, comme au Français d'origine.

La loi a cru devoir accorder au Français actionné par l'étranger, différentes garanties ; je veux parler de la *caution judicatum solvi*, *et de la contrainte par corps.*

1° DE LA CAUTION JUDICATUM SOLVI.

L'article 16 du C. N. est ainsi conçu : En toutes matières, autres que celles de commerce, l'étranger qui sera demandeur, sera tenu de donner caution pour le paiement des frais et dommages-intérêts résultant du procès, à moins qu'il ne possède en France des immeubles suffisants pour assurer ce paiement.

Je ne reviens pas sur les motifs qui ont fait accorder contre l'étranger la caution *judicatum solvi*, je me suis arrêté longuement sur ce sujet, en étudiant l'ancien droit ; je veux dire seulement quelques mots de l'article 16.

C'est l'étranger *demandeur, principal* ou *intervenant* qui doit la *caution judicatum solvi. Quid* si l'étranger défendeur au tribunal de première instance, *appelait* du jugement rendu contre lui ? Il ne devrait pas la caution. *Quid* s'il formait un recours en cassation, procédait par voie de requête civile ? M. Demolombe admet que dans ce cas il serait tenu de la caution *judicatum solvi ?* Il cite à l'appui de son opinion un arrêt de la Cour de Paris du 31 janvier 1835 (rapporté par Dalloz, 1837, II, 125).

L'étranger ne devra pas la caution, lorsqu'il poursuivra l'exécution d'un *titre paré*, ou bien lorsqu'il formera une *demande reconventionnelle*, ou demandera *la nullité d'une saisie ou d'un emprisonnement* (1).

L'étranger demandeur est toujours tenu de la caution qu'il soit *souverain*, *ambassadeur*, ou *simple particulier* (2). Il en est tenu même si on lui a accordé l'assistance judiciaire.

L'étranger demandeur doit la caution au *Français défendeur*. On se demande, si un *étranger défendeur*, en France, pourrait exiger la caution d'un *étranger demandeur*. On a soutenu l'affirmative en s'appuyant sur les articles 16 (C. N.) et 166 (Proc. civ.) qui, dit-on, sont généraux ; sur l'identité de motifs, et sur l'ancien droit, qui accordait la caution *judicatum solvi* au défendeur étranger, contre le demandeur étranger. Merlin. (Rép. tome XVI, v° caution *judicatum solvi*). Zachariæ. (tome I, page 166), Boncenne (tome III, page 165), Valette sur Proudhon. (tome I, page 167). Demangeat. (hist. de la cond. civ. des étrangers, page 400), partagent

(1) En ce sens Fœlix. Droit international, n° 165. Zachariæ, Aubry et Rau, tome VI, page 306. Demolombe, tome I, n° 255, page 392.

(2) V. Boitard. Pr. civile, tome 2e, page 8. V. Boncenne. Théorie de la Proc. civile, tome 3e, page 173.

cette opinion qui ne me semble pas devoir être admise. Je pense avec M. Demolombe (tome I, n° 255, page 394), Fœlix (n° 108), Aubry et Rau (tome VI, page 309), Taulier. (tome I, page 119). Bonnier et Roustaing. (tome I, n° 60), que le rapprochement des articles 15 et 16 du Code Napoléon, nous font bien comprendre la pensée du législateur, et établissent que le *français défendeur seul* peut exiger la caution ; on dit, il y a identité de motifs. Je ne le crois pas non plus ; la loi française faite pour protéger les français, n'a pas pour mission de protéger les étrangers. Mais l'ancien droit ? Il ne peut nous être opposé. « Lorsque *deux étrangers plaident ensemble*, dit Pothier (1), si le défendeur exige la caution du demandeur, il ne peut l'y faire condamner *qu'il ne l'offre respectivement de son côté* ». Exigera-t-on dans ce système que la *caution* soit fournie par le *défendeur étranger* et sur quoi s'appuyera-t-on ?

La caution *judicatum solvi* est due, dit l'article 16 C. N. « *en toutes matières* autres que celles de commerce ». Elle est due donc en matière administrative, en matière de simple police, en matière correctionnelle, en matière criminelle enfin.

La caution est tenue *des frais et dommages-intérêts résultant du procès* (article 16, C. N., et 166 Pr. civile).

---

(1) Pothier. Des Personnes, partie Iʳᵉ, titre II, section II. (Nous avons déjà cité ce passage en nous occupant de l'ancien droit).

La caution *judicatum solvi* doit être demandée *in limine litis*, mais est-ce avant l'exception *de nullité d'exploit*, avant l'exception *d'incompétence*, ou après ces exceptions, ou entre ces deux exceptions ? On discute beaucoup cette question, en présence des articles 166, 169 et 173 du Code de Procédure civile ; je pense, pour ma part, que la caution *judicatum solvi* doit être demandée avant toute autre exception, en première ligne.

La caution n'est pas due :

1° En matière commerciale.

2° Aux termes de l'article 16 C. N., quand l'étranger possède en France des immeubles d'une valeur suffisante pour assurer le paiement des frais et dommages-intérêts résultant du procès.

3° Lorsque ne pouvant trouver une caution, l'étranger consigne une somme déterminée par le tribunal, ou offre un gage ou nantissement suffisant (2041 C. N.).

4° Lorsqu'il y a un traité.

5° Lorsque, conformément à l'article 13 (C. N.), l'étranger demandeur, a été admis par l'Empereur, à établir son domicile en France.

2° DE LA CONTRAINTE PAR CORPS.

Après la loi *du 4 floréal an VI* vient la loi *du 10 septembre 1807*, puis la loi *du 17 avril 1832*, puis la loi *du 9 mars 1848*, puis la loi *du 16 décembre 1848*, abolissant et rétablissant tour à tour la contrainte par corps ; nous ne pouvons étudier toutes ces lois. La loi qui nous régit aujourd'hui, en cette matière, est celle *du 22 juillet 1867*.

Voici ses dispositions :

ARTICLE 1er. — La contrainte par corps est supprimée en matière commerciale, civile *et contre les étrangers*.

ARTICLE 2. — Elle est maintenue en matière criminelle, correctionnelle et de simple police.

ARTICLES 3, 4, 5, etc., etc.

Depuis cette loi abolitive de la contrainte par corps, les étrangers sont sur le pied d'égalité avec les Français. Est-ce un bien, est-ce un mal ? Les avis sont partagés.

3° DE LA CESSION DE BIENS.

Le bénéfice de la cession de biens est refusé aux étrangers (art. 905 Code de Procédure civile).

DU POUVOIR DES TRIBUNAUX FRANÇAIS EN FACE DES JUGEMENTS ÉTRANGERS.

On est d'accord pour dire que les jugements étrangers doivent, pour être exécutés en France, être soumis à certaines formalités. Mais qu'elles sont ces formalités ? Qu'elle est la mission des tribunaux français en présence des jugements rendus par les tribunaux étrangers ? C'est sur ce point que les auteurs et la jurisprudence se divisent ; étudions successivement trois opinions présentées sur ce point.

1re OPINION. *Il n'y a jamais lieu à révision, de la part des tribunaux français, même dans le cas, ou le jugement a été rendu contre un Français.*

Pour soutenir cette première opinion, on s'appuie sur le *texte* de la loi. L'article 2123 du Code Napoléon dit en effet : « L'hypothèque ne peut pareillement résulter des jugements rendus en pays étranger qu'autant qu'ils ont été *déclarés exécutoires* par un tribunal français.... » L'article 546 du Code de Procédure civile, dit de son côté: « les jugements rendus par les tribunaux étrangers et les actes reçus par les officiers étrangers, *ne seront susceptibles d'exécution* en France que de la manière et dans les cas prévus par les articles 2123 et 2128 du Code Napoléon.

D'après ces articles que doit-on déclarer exécutoire ? *C'est le jugement étranger ;* le tribunal français ne peut donc être appelé à procéder à un nouvel examen de l'affaire, à procéder à une révision ; car, s'il en était ainsi, le tribunal français rendrait exécutoire non plus le jugement *étranger*, mais bien *son propre jugement*, ce que ne veulent pas les articles précités. « *Déclarés exécutoires* », disent les partisans de ce système, cela veut-il dire, *faire disparaître la décision, remplacer un jugement par un autre ?* Non évidemment. Que disent les articles 2123 (C. N.) et 546 (Pr. civile) ? Ceci et rien autre chose : Pour *devenir exécutoire* en France, le jugement rendu par le tribunal étranger, doit être *déclaré exécutoire* par les tribunaux français. Il n'y a pas de révision possible, on ne peut détruire l'autorité de la chose jugée. Admettre le système qui permet de tout détruire, c'est vouloir que les Français, à l'étranger, soient exposés à toutes les vexations et à toutes les injustices (1).

2ᵉ ᴏᴘɪɴɪᴏɴ. *Il y a toujours lieu à révision, même dans le cas où le jugement étranger a été rendu contre un étranger.*

Mais, dit-on, dans ce système, voyez ce que dit l'article 2123, il parle de jugements « *déclarés exé*

(1) En ce sens : Boitard, Pr. civile, tome III, page 300. Bournat, Revue pratique. 1858, tome V, pages 327 et suivantes.

cutoires par *un tribunal français* ». Par un tribunal, or que peut faire un tribunal, *rendre des jugements* ; et pour rendre des jugements, *examiner l'affaire, assister aux débats;* il y a donc lieu évidemment de réviser, de remettre tout en question, de chercher à se prononcer en connaissance de cause (1). Soutenir le contraire, c'est « obliger le tribunal français à déclarer toujours et nécessairement exécutoire un jugement, quel qu'il soit, rendu contre un Français par un tribunal étranger, un jugement rendu dans un pays ou l'organisation de la justice n'offrirait pas encore toutes les garanties désirables, dans un pays hostile peut-être à la France, un jugement évidemment inique qui, par exemple, n'aurait eu aucun égard à une quittance certaine, ou bien à une décision rendue en France, et passée en force de chose jugée ».

En vertu de ces considérations, M. Demolombe admet ce système, tout en reconnaissant, « qu'il est moins conforme aux traités que le premier, qui, *sur ce terrain*, est, en effet *bien redoutable.* »

3ᵉ OPINION. *Il n'y aura pas lieu à révision quand le jugement étranger aura été rendu au pro̊t d'un*

(1) En ce sens: Cassation 11 janvier 1843. Dev. et Carette. 1843, I, 671. Bordeaux 6 août 1849. Dev. et Carette. 1848, 2, 153. Paris 20 nov. 1848. Devill. et Carette. 1849, 2, II. Toullier (tome X, nᵒ 85). Zachariæ (tome I, page 58). Troplong (hypothèques, nᵒ 481). Demolombe (tome I, nᵒ 263, pages 412 et suivantes).

Français : il y aura lieu, au contraire, à révision, si un Français a été condamné par le jugement étranger.

On prétend dans ce système que l'article 121 de l'ordonnance de 1629, doit encore être suivi, et que le mieux est de s'en référer encore aujourd'hui, à l'ancienne jurisprudence, qui admettait la distinction dont je viens de parler. Le Code n'a rien dit, donc il faut s'en rapporter aux règles de l'ancien droit. Mais que fait-on dans ce système de l'article 7 de la loi du 21 mars 1804 (30 ventôse an XII)? Que fait-on de l'article 2123 du Code Napoléon, qui ne peut donner lieu à une équivoque, et qui parle *en général des jugements rendus en pays étranger?* Je n'admets pas ce système (1) qui me paraît contraire à la pensée du législateur et aux textes que nous possédons (2123 C. N. 546 C. P. civ.); je n'admets pas non plus le second, et je pense qu'il n'y a jamais lieu à révision de la part des tribunaux français, même dans le cas où le jugement étranger a été rendu contre un Français.

Je pense que la demande d'*exequatur*, devra *toujours* être adressée aux tribunaux *civils*, aux-

____

(1) [En ce sens : M. Duranton, (tome XIX n° 342). Fœlix, (n°ˢ 28 et suivants), Aubry, Revue étrangère et française, (t. III, p. 105 et suivantes). Valette, (Eod loco, 1849, t. VI, p. 397 et suivantes). Demangeat, (Hist. de la Cond. civ. des étrangers, n° 88).

quels seuls appartient la plénitude de juridiction (V. Valette, Revue Et. et Fr. 1849, VI, page 612). Bournat (Revue pratique. 1858. tome V, pages 327 et suivantes).

Aux termes de l'article 2128 : « les contrats passés en pays étranger, ne peuvent donner d'hypothèque sur les biens de France, *s'il n'y a des dispositions contraires à ce principe dans les lois politiques ou dans les traités.* » Il y aura lieu ici comme pour les jugements étrangers de demander *l'exequatur.*

Citons les principaux traités qui existent : 1° Avec la Sardaigne, (24 mars 1760) ; ce traité a été, en 1860, déclaré applicable à l'Italie. 2° Avec la Suisse, (18 juillet 1828). 3° Avec le grand duché de Bade, (16 avril 1846) (1).

(1) Au moment où nous mettons sous presse, et pendant l'intérim de Son Ex. M. E. Ollivier au ministère des affaires étrangères, nous apprenons qu'une convention internationale pour l'exécution réciproque des jugements en matière civile et commerciale, entre la France et l'Espagne, vient de donner lieu à des discusions au sein du Sénat. (Juin 1865.)

POSITIONS.

Droit Romain.

1° Le pupille qui a promis *sine tutoris auctoritate*, contracte-t-il une obligation naturelle ? *Oui*, s'il s'agit d'un *pubertati proximus*. *Non*, s'il s'agit d'un *infantiæ proximus*.

2° Ce qu'acquiert, ce que transmet le *peregrinus*, ce n'est ni le *dominus ex jure Quiritium*, ni l'*in bonis*, c'est un *dominium sui generis*.

3° La constitution d'Antonin Caracalla n'a eu d'effet que quant aux Pérégrins qui étaient *in orbe Romano*, au moment où elle a été faite.

4° Le *jus Italicum* est un droit concédé aux territotres, et pas aux personnes.

5° Pour qu'il y ait *justæ nuptiæ*, il ne suffit pas qu'il y ait eu consentement, il faut en outre qu'il y ait eu *deductio* de la femme dans la maison du mari.

Droit Français.

Histoire du Droit.

1° Le droit d'aubaine n'a pas une origine romaine.

2° Le principe de la personnalité des lois a pris naissance sur le sol de la Gaule, il était inconnu en Germanie.

3° La caution *judicatum solvi* a une origine Germanique.

— · —

Code Napoléon.

1° L'étranger a la jouissance de tous les droits qui ont leur origine dans le droit naturel, il n'a pas la jouissance de ceux qui ont leur origine dans le droit civil, en dehors des cas prévus et des conditions requises par les articles 11 et 13, C. N.

2° L'étranger ne pourra être considéré en France, comme mort civilement.

3° L'étranger ne peut avoir de domicile en France.

4° Un étranger divorcé d'après les lois de son pays, pourra se marier en France, avec une étrangère, ou avec une Française.

5° L'étranger peut-il être tuteur en France ? *Oui*, si la tutelle qui lui est déférée repose sur des liens de parenté ou d'alliance. Si non, *non*.

6° Le tribunal français requis de rendre exécutoire un jugement étranger ne doit pas réviser l'affaire au fond.

7° L'hypothèque légale ne pourra exister en France, en faveur des femmes mariées, des mineurs, etc., sur les biens de leurs maris, tuteurs, etc., que si leur loi personnelle leur accorde comme la loi française.

8° Le Français qui veut tester, à l'étranger, dans la forme olographe, ne peut tester de cette manière que dans la forme olographe française.

Procédure Civile.

1° La caution *judicatum solvi* ne peut être demandée à un étranger, par un autre étranger.

Droit Commercial.

1° Le commerçant peut être mis en faillite, même s'il n'a qu'un seul créancier.

2° L'*exequatur* de la décision étrangère, devra *même en matière commerciale*, être demandé au tribunal civil.

Droit Pénal et Instruction Criminelle.

1° L'étranger doit fournir la caution *judicatum solvi*, lorsqu'il se porte partie civile.

2° Le président d'Assises peut-il interdire au défenseur de l'accusé, de faire connaître au jury la peine édictée par la loi ? *Oui.*

Droit des Gens.

Les ambassadeurs sont tenus de fournir la caution *judicatum solvi*, lorsqu'ils sont demandeurs contre un Français.

Droit public et administratif.

1° L'article 17 de la loi du 3 mai 1841, sur l'expropriation pour cause d'utilité publique, a été abrogé par la loi du 23 mars 1855.

Vu par le Président de la thèse,
Nancy, le 14 juillet 1870.
ERNEST DUBOIS.

Vu par le Doyen de la Faculté,
Nancy, le 8 juillet 1870.
PH. JALABERT.

Vu et permis d'imprimer :
Nancy, le 8 juillet 1870.
Le Recteur de l'Académie de Nancy,
L. MAGGIOLO.

Nancy. — Imp. de A. LEPAGE, Grande-Rue (Ville-Vieille), 14.